JN098492

サイバー犯罪

現状と対策

筋 伊知朗

[著]

ミネルヴァ書房

推薦のことば

警察庁サイバー警察局長　河原淳平

　警察庁の先輩であり，個人的にも親しい筋伊知朗先生が，退官後，第二の職場に選ばれた近畿大学における教育・研究の成果をもとに，このたび，本書『サイバー犯罪——現状と対策』を上梓されました。サイバー犯罪をさまざまな角度から分かりやすく説き起こしており，サイバー空間で何が起こっているかを知る上でも大変時宜を得たものであると思います。

　近年，社会のデジタル化が加速し，本書でも触れられていますが（9ページ），サイバー空間は地域や年齢を問わず，多くの国民が参加して重要な社会経済活動を営む「公共空間」となりつつあります。サイバー空間は，従来，主としてそれなりに道理の分かった人たちが参加する空間でしたが，今や国民の誰もが，現実世界で道を歩いたり，人と話したり，買い物をしたりするのと同じ感覚で参加するような場所になりました。その一方で，企業や病院を標的とするランサムウェアの被害が拡大しているほか，偽サイトへと誘導するフィッシングメールも日常的に目にする状況になるなど，国民を取り巻くリスクは増大していると言わざるを得ません。さらには，国家を背景とする，軍事的・政治的目的の達成に向けての影響力行使，外貨の獲得を目的とするサイバー攻撃も発生しています。例えば，北朝鮮が国際金融システムや暗号資産交換所へのサイバー攻撃によって不正に獲得した外貨を核や弾道ミサイルの開発資金に充てている可能性があることを考えると，サイバー空間の脅威はもはや地球規模での安全保障に直結する問題と言えるでしょう。

　このような情勢に的確に対応していくため，令和4年4月に警察庁にサイバー警察局という新たな組織が発足しました。私は組織の長として，部下職員とともにサイバー空間の脅威への対処に日々奮闘していますが，職務を通じて接する関係国のカウンターパートたちも上で述べたような危機感を有しており，

法の支配，自由，民主主義といった共通の価値観を持つ国家や国際機関と連携して対処していく基本理念を共有しているところです。

　我が国の社会や国民生活をサイバー空間の脅威から守っていく上で，国民のご理解とご協力は不可欠のものです。サイバー空間は政治経済，外交安全保障にとどまらず，歴史，文化などさまざまな問題を内包していますが，まずはサイバー空間の危険性や，今どのような犯罪が起きているのか，どう対応したらいいのかといった知識を国民の皆さんに持っていただくことが望まれます。本書は，そういうニーズに応える内容になっていますので，学生の皆さんを始め，ひとりでも多くの方に手に取っていただくことを期待する次第です。

　　令和4年4月

は じ め に

　今日，サイバー空間は，誰にとってもますます身近な場となっています。日常生活はインターネットを抜きには考えられず，私たちは現実空間とサイバー空間の両方で暮らしていると言っていいかもしれません。それに伴って，サイバー犯罪や，サイバー空間に絡んださまざまなトラブルに巻き込まれる危険性が高まっています。

　本書では，サイバー犯罪の現状とこれに対応するための法や規範，政府や警察の施策，サイバー空間の健全化に欠かせない関係団体の活動等をできるだけ平易にかつ幅広く取り上げることを目指しました。後半部分では，サイバー犯罪の捜査や，捜査を進める上での国際協力についても触れています。このほか，各章には，「トピック」という欄を設け，かつて耳目を引いた事件や参考になりそうな事項等を解説しました。

　学生の皆さんをはじめ，サイバー犯罪に興味をお持ちの一般の方々にも，サイバー犯罪とその対策についての入門書としてお使いいただければ幸甚です。

　なお，犯罪の手口や傾向というものは，およそ時々の情勢を反映して変化するものですが，サイバー犯罪は他の犯罪に比して変化が激しいと感じます。サイバー空間は，犯罪者にとっても，いろいろと細工がしやすい空間なのでしょう。執筆しているそばから新しい手口，新しい情勢が生まれてきます。本書は，2022（令和4）年春頃の情勢を最新のものとして執筆しましたので，この点，ご承知おきください。

　私の古巣の警察庁ほかのご縁のある警察職員の皆さん，現在の勤務先である近畿大学の同僚の先生方，ミネルヴァ書房の浅井久仁人さんほかご担当の方々をはじめ，多くの方にご助言・ご尽力をいただきました。出版に当たり，ここに深く感謝の意を表する次第です。

著　者

サイバー犯罪——現状と対策　**目　次**

推薦のことば
は じ め に

トピック

第 1 章

サイバー犯罪情勢

　　本章では，サイバー犯罪情勢を概観するとともに，インターネット空間の特徴を解説する。また，本書で議論の対象とするサイバー犯罪とサイバー攻撃について定義づけを行う。

1　サイバー犯罪情勢

（1）刑法犯認知件数等の推移

　サイバー犯罪を論じる前に，犯罪情勢全般の特徴や傾向を見ておこう。

　犯罪情勢を計測するのに重要な指標は，刑法犯*の認知件数と検挙率である。認知件数とは，被害の届け出や警察自らの活動による発見等により警察が認知した犯罪の件数をいう。犯罪の実際の発生件数と認知件数の差は暗数と呼ばれ，暗数をとらえる努力もなされているが，認知件数以外に犯罪発生状況を的確に示すデータは存在しないのが実情である**。そこで，犯罪の発生状況を示すものとして，通常，認知件数を用いる。検挙率は，認知件数に対する検挙件数（警察が検挙した犯罪の件数）の割合を表す数値である。

　　＊刑法犯とは，刑法に規定されている罪及び刑法以外の法律に規定されている罪で刑法と同じように扱うのが適当とされる罪（「組織的な犯罪の処罰及び犯罪収益の規制等に関する法律」「暴力行為等処罰ニ関スル法律」「火炎びんの使用等の処罰に関する法律」等に規定されている罪）をいう。ただし，「自動車の運転により人を死傷させる行為等の処罰に関する法律」の施行（2014〔平成26〕年）以前に刑法に規定されていた危険運転致死傷等の交通事故関係の犯罪は，刑法犯に含めない。

　　＊＊暗数調査の例として法務省による犯罪被害実態（暗数）調査がある（最新は

2019〔平成31〕年1〜2月に実施された第5回調査）。ただ，暗数を推し量る手法はアンケート調査しかなく，その結果を加味することで実際の犯罪発生状況を推測することはできても正確な数値を算出することは困難である。

　法務省による犯罪被害実態（暗数）調査の第1回〜第3回調査の結果をもとに，犯罪被害の申告率を44.1％と推計した研究がある（金山泰介『警察行政概論　新版』立花書房，2019年，p. 21参照）。

　刑法犯の対立概念として特別法犯がある。銃砲刀剣類所持等取締法違反，廃棄物処理法違反等々，その種類は多い。特別法犯は，ベースとなる法令自体が社会情勢や行政目的に応じて新設・改正・廃止されるうえ，実務上も，個別の事案に法を適用してはじめて法令違反が確定する場合が多いことなどから認知件数を計上する仕組みになっておらず，検挙件数のデータしかない。こうしたことから，特別法犯は一般的に治安情勢を測る指標としては用いられていない。

　刑法犯認知件数と検挙率には，第二次世界大戦後，興味深い推移が見られる。

　戦後40年あまり続いた昭和の時代は，終戦直後の混乱期を除きほぼ全期間で刑法犯認知件数が概ね年間140万件前後，検挙率が60％前後で安定的に推移していた。数字の上では治安水準は十分に高く，「水と安全はタダ」などという言葉さえ聞かれた時代であった。もっとも，真に犯罪の発生が少なかったかどうかは注意が必要である。警察の知らないところで犯罪がどれだけ発生していたか分からないからである。昭和の時代は，地域住民の間の意思疎通が濃密で，地域の大人が子どもたちに，してよいこと，悪いことを教え，これが犯罪や少年非行を抑止する社会環境として機能していたと言われている。しかし，逆に言えば，本来，警察が犯罪として扱うべき悪質な事案の中に，濃密な人間関係を背景に家庭内や地域住民の間でひそかに処理されていたものが相当数含まれていたかもしれない。

　治安情勢は平成に入るころから急速に悪化し，刑法犯認知件数は2002（平成14）年に約285万件とピークを迎えた。昭和の時代の2倍である。検挙率も大幅に低下し，2001（平成13）年の検挙率は19.8％と最低を記録した。実に警察が認知した犯罪の5つに1つも犯罪者を捕まえられない状態になった。こうし

た治安情勢の悪化は，地域住民の意思疎通の希薄化，社会における規範意識の低下，バブル経済の崩壊による経済状態の悪化や雇用形態の変化，不法残留外国人の増加等がその理由として考えられている。

　危機的と言ってよいこのような治安情勢を受け，2003（平成15）年，政府は，全閣僚参加による犯罪対策閣僚会議を設置し，同年12月，我が国で最初の包括的な治安対策のパッケージとして，「犯罪に強い社会の実現のための行動計画」を策定した*。その後，この行動計画に基づく各種の取り組みの甲斐もあって，刑法犯認知件数は2002（平成14）年の約285万件をピークに毎年，順調に減少

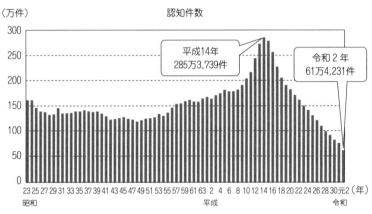

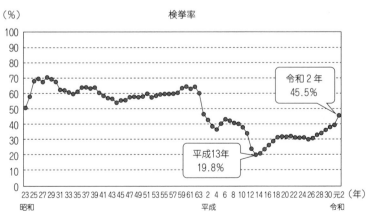

図1-1　刑法犯の認知・検挙状況の推移

出典：『令和3年版 警察白書』

をみせることとなった。2021（令和3）年においては約57万件と，ピーク時の4分の1以下にまで減少した。これは昭和の時代と比べても半分以下の水準である＊＊。

　　＊犯罪に強い社会の実現のための行動計画は，「平穏な暮らしを脅かす身近な犯罪の抑止」「社会全体で取り組む少年犯罪の抑止」「国境を越える脅威への対応」「組織犯罪等からの経済・社会の防護」「治安回復のための基盤整備」の5つの重点課題を設定し，それぞれについて具体的な施策を推進するものであった。

　＊＊2021（令和3）年における刑法犯認知件数は，56万8104件，検挙率は46.6％であった（警察庁「犯罪統計資料令和3年1〜12月分【確定値】」による）。

（2）サイバー犯罪の検挙件数と相談件数

　刑法犯認知件数が近年，著しく減少しているのに対し，サイバー犯罪の検挙件数は増加を続けている＊。ここでサイバー犯罪とは，後述のとおり，① 不正アクセス禁止法（不正アクセス行為の禁止等に関する法律）違反，② コンピュータ・電磁的記録対象犯罪，③ ネットワーク利用犯罪の総計をいう。

　　＊サイバー犯罪には多くの特別法犯が含まれるので，認知件数は算出されていない。

　過去10年間のサイバー犯罪の検挙件数は図1-2のとおりである。増加傾向がみられており，2021（令和3）年は1万2209件と前年比23.6％の増加となった。

　また，1999（平成11）年以降に全国の警察が扱ったサイバー犯罪に関する相談件数（2002〔平成14〕年までは「ハイテク犯罪に関する相談件数」と呼ばれた）は，図1-3のとおりである。

　2021（令和3）年に警察に寄せられたサイバー犯罪に関する相談は17万4216件であった。相談の総件数は228万2825件であったため，サイバー犯罪に関する相談は全体の7.6％を占めている。サイバー犯罪に関する相談事案のうち実際に犯罪に該当する事案がどれほど含まれるかは不明であるが，警察への相談

4

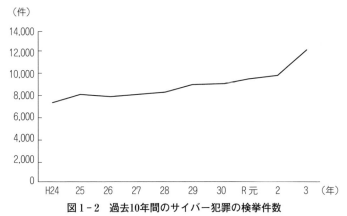

（件）

図 1 - 2　過去10年間のサイバー犯罪の検挙件数
出典：警察庁「令和 3 年の犯罪情勢」，同「令和 3 年におけるサイバー空間をめ
　　　ぐる脅威の情勢等について」をもとに著者作成

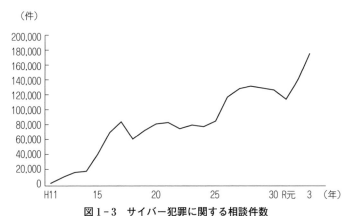

（件）

図 1 - 3　サイバー犯罪に関する相談件数
出典：警察白書（各年版）や警察庁「相談取扱状況について（各年）」をもとに
　　　著者作成

が増加していることから，サイバー犯罪そのものの発生も増加していると推察
していいだろう。

（3）サイバー犯罪に関する国民の意識

　国民はサイバー犯罪についてどのような認識を有しているのだろうか。

　内閣府の治安に関する世論調査（2021〔令和 3 〕年12月から2022〔令和 4 〕

年1月にかけて実施）では，治安に関する国民のとらえ方が示されている。それによると，回答者の85.1％が，「現在の日本を治安がよく安全で安心して暮らせる国である」と回答している一方で，ここ10年で日本の治安は悪くなったと思う（どちらかというと悪くなったと思うを含む）との回答が54.5％にも上り，回答者の過半数が治安の悪化を感じとっている。

　また，今の日本社会について「偽の情報を含め様々な情報がインターネット上で氾濫し，それが容易に手に入るようになった」との回答が64.4％に上ったほか，自分や身近な人が被害に遭うかもしれないと不安になる犯罪についての回答では，「不正アクセスやフィッシング詐欺などのサイバー犯罪」が52.3％と，トップの「特殊詐欺や悪質商法などの犯罪」の52.6％とほぼ同じであった。被害に遭うかもしれないと不安になる場所については，「インターネット空間」が53.9％とトップであった。

　これとは別に，2021（令和3）年11月に警察庁が実施したアンケート調査によると，過去1年間にサイバー犯罪の被害に遭うおそれのある経験をしたと回答した人の割合は26.4％，過去1年間にサイバー犯罪の被害に遭ったと回答した人の割合は9.5％と非常に大きな数値が示された。また，「日本の治安はよいと思いますか」という問いには，75.8％がそう思う，あるいはまあそう思う，と答えた半面，犯罪の被害に遭うことに対する不安感についての問いに対しては，サイバー犯罪に不安を感じる，あるいはある程度不安を感じると答えた人の割合が79.4％に上り，「窃盗」「殺人・強盗」「オレオレ詐欺などの詐欺」等の選択肢の中でトップとなった（図1-4参照）。

　このように，今日，国民の多くはサイバー犯罪を自分や親しい間柄の人にとっての身近な脅威ととらえ不安を感じている。

　警察では，治安の現状と国民の意識に関して，「安全＝指数治安（刑法犯認知件数，検挙率等）」「安心＝体感治安」などと表現し，「指数治安の改善がみられる一方，いまだ体感治安が向上していない」「指数治安と体感治安の乖離がある」などと評価している。指数治安が改善しながら体感治安が向上しない理由は一概には言えないが，サイバー犯罪に関する国民の不安が大きく関係していることは，これらの調査結果からも疑いようがない。

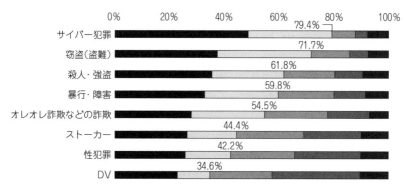

図 1-4　犯罪の被害に遭うことの不安感
出典：警察庁「令和 3 年の犯罪情勢」

　また，刑法犯認知件数は確かに大きく減少しているが，インターネット空間
に目を移すと，例えば，特定の人物に対しての，脅迫や名誉棄損に該当するの
ではないかと思われるような不快で読むに堪えない書き込みなどが見られるな
ど，必ずしも犯罪にまで至らないとしても悪質な言動が横行しているのも事実
である。こうしたことから，国民の体感治安を向上させるためには，サイバー
犯罪捜査の一層の充実，サイバー空間の治安水準の向上が極めて重要であると
言ってよいだろう。

2　インターネット空間の特徴

（1）インターネットの成り立ち

　インターネットは，1960年代に米国で築かれたアーパネット（ARPANET：
Advanced Research Projects Agency NETwork）と呼ばれる大学・研究機関間の
ネットワークが起源と言われる。アーパネットは，限られた研究者や技術者が
使用するものであったため，構造が性善説に基づいて設計されている。つまり，
「善い人」たちのネットワークとしてスタートし，オープンでシンプルなプロ
トコルが採用されている。そのため，例えば，「送受信されるパケットを途中
の人が見ることを禁止する仕様になっていない」「発信者を偽装することが容

易」といった特徴があると言われている。

　インターネット空間では，全体を統括・管理する主体は世界のどこにも存在せず，相互に接続されるコンピュータがルールに従って情報をやり取りすることで成り立っている。これは「分散アーキテクチャー」と呼ばれ，自律（Autonomous）・分散（Distributed）・協調（Cooperative）がインターネットの基本理念とされている。

　「善い人」たちのネットワークとして生まれ，こうした基本理念の下に運営されてきたインターネットであったが，1990年代頃から商用接続が進み一般社会に普及するようになった。操作性についても，いわゆるコマンドライン（キーボード入力）による入力処理であったものが，グラフィックな処理，すなわちマウスによるクリックを活用して誰もが簡単に操作できるようになった。また，インターネット・サービス・プロバイダ（ISP）の数も増え利用料金の低廉化が進んだ。

　こうしたことから，インターネットは爆発的な普及を見せるようになり，それに伴って，悪意ある犯罪者やモラルのない情報発信者等が数多く出現し，結果としてサイバー空間の治安情勢が悪化する事態となった。

（2）インターネット空間の非対称性

　インターネット空間には，犯罪を行う側が圧倒的に有利で，予防する側が不利な立場にあるという非対称性（asymmetry）の問題がある。

　例えば，ソフトウェアに脆弱性（プログラムの不具合や設計上のミスが原因となって発生した情報セキュリティ上の欠陥）が発見されると，ソフトウェアを開発したメーカーがこれに対応するプログラムを作成して広く提供するが，前もって完全な対策を施しておくことは困難であるのが実情である。つまり，ソフトウェアは，あらかじめ品質の万全を保証できず，ソフトウェアの不具合（バグ）が見つかるたびに対応（デバッグ）を続けなければならない。厳しい競争に打ち勝ち迅速にサービスを提供するためには，バグを発見し尽くし不具合の恐れを完全になくしてから市場に出す余裕はない。きちんと機能する製品やシステムができたら，いち早く市場に投入し，運用しながら不具合を修正し

ていく。自動車や電器製品が完成品として市場に出され，不具合が生じれば，それは不良品ないし故障という扱いになるのと大きく異なっている。ところが，このようにソフトウェアに欠陥が見つかりやすい構造であることは，情報技術の心得を有している犯罪者にとって大きなメリットとなるのである。

（3）匿名性・大量発信・即時性，公共空間化

　インターネット上の情報発信は，匿名で行うことが可能で，しかも，即時，大量に行うことができる。これが SNS（ソーシャル・ネットワーキング・サービス）での誹謗中傷の拡大や，SNS が児童買春の出会いの場となるなどの問題につながっている。

　また，最近，サイバー空間の公共空間化という言葉が聞かれるようになった*。例えるなら，登山を趣味とする人たちが，帽子，ストック，地図，水，食料，方位磁針といった必要な装備を持って臨むように，これまでサイバー空間に参加する人の多くは一定のリテラシー**を有していた。しかし，今は，フィーチャーフォンからスマートフォンへの切り替えが進むといった情勢のもと，高齢者や年少の子どもなど，サイバー空間に不慣れな人たちもこぞって参加するようになり，サイバー空間の公共空間化が進んでいる。そうであるがゆえに，弱者も含めてサイバー空間に参加するすべての人を対象に，実空間におけるのと同レベルの治安水準が達成されることが望まれている。

　　＊「公共空間化」という言葉は，政府の「サイバーセキュリティ戦略」（令和 3 年 9 月28日閣議決定）p. 6などで使われている。
　　＊＊リテラシーは「読み書きできること」を意味するが，物事を理解して活用する能力のような意味で使われている。

3　サイバー犯罪・サイバー攻撃とは

　「サイバー犯罪」や「サイバー攻撃」という用語は，論者によってさまざまに使われており，統一的な定義はない。2 つの言葉に意味の差を感じない人も多いだろう。あるいは，人によっては，「犯罪」という言葉を「攻撃」より重

いものととらえ，例えば，犯罪の準備行為かもしれない不審メールの受信を
「サイバー攻撃を受けた」と考えるなど，サイバー犯罪を包摂する概念として
サイバー攻撃を認識することもあり得よう。

　このように2つの言葉は人によりさまざまに理解されているが，この先，議
論を進めていくうえで，サイバー犯罪，サイバー攻撃を定義づける必要がある
ことから，本書では従来の警察の分類をベースとすることとする。

(1) サイバー犯罪とは

　警察ではサイバー犯罪を以下のように分類・整理している。サイバー犯罪と
は，高度情報通信ネットワークを利用した犯罪やコンピュータまたは電磁的記
録を対象とした犯罪等の情報技術を利用した犯罪*のことを言い，具体的には，

　　① 不正アクセス禁止法違反

　　② コンピュータ・電磁的記録対象犯罪

　　③ ネットワーク利用犯罪**

の3つの形態からなる。

　　*『平成30年版　警察白書』，p. 24参照

　　**警察は，最近，警察白書や各種の発表文において「ネットワーク利用犯罪」
　　という用語を使用せず，これを「その他」と呼ぶようになってきている。これ
　　は，不正アクセス禁止法違反やコンピュータ・電磁的記録対象犯罪もその多く
　　が高度情報通信ネットワークを利用して実行されることから概念が重複してい
　　る面があり，ネットワーク利用犯罪という用語が必ずしも適切と言えないとい
　　った理由によると思われる。しかしながら，ネットワーク利用犯罪という用語
　　は，高校の教科書に用いられるなど社会的に定着しているし，警察がサイバー
　　犯罪の枠組み（何をサイバー犯罪とするか）自体を変更したわけではないこと
　　から，本書では「ネットワーク利用犯罪」を用いることとする。

　このうち，①は，文字通り不正アクセス禁止法という法律に規定された罪で
あり，②のコンピュータ・電磁的記録対象犯罪とは，いずれも刑法に規定され
ている，不正指令電磁的記録に関する罪（コンピュータウイルス罪），電磁的
記録不正作出・毀棄等，電子計算機損壊等業務妨害，電子計算機使用詐欺の各

罪をいう。このように①及び②の２者は，適用される法律・罪名が定まっており，これらに該当すれば自動的にサイバー犯罪となる。

　これに対し，③のネットワーク利用犯罪は，従来から存在する諸法令に基づき処罰される。刑法に規定する犯罪（名誉棄損，脅迫，わいせつ物頒布等）のほか，児童ポルノ公然陳列，児童買春，著作権法違反，ストーカー規制法違反等，非常に幅広い。こうしたさまざまな犯罪のうち，「その実行に不可欠な手段として高度情報通信ネットワークを利用する犯罪」がサイバー犯罪となる。したがって，個別の犯罪行為がサイバー犯罪に該当するかどうかは，手口を紐解いての判断が必要となる。例えば，脅迫行為を手紙で行えばサイバー犯罪ではないが，電子メールで行えばサイバー犯罪となる。同様に，わいせつ物を写真集にして配ればサイバー犯罪ではないが，ネット上に掲示すればサイバー犯罪（公然陳列）となる。

　2021（令和３）年のサイバー犯罪の検挙件数は，前述のとおり１万2209件であったが，その内訳は，①不正アクセス禁止法違反429件，②コンピュータ・電磁的記録対象犯罪729件，③ネットワーク利用犯罪１万1051件であった*。

　　＊警察庁「令和３年におけるサイバー空間をめぐる脅威の情勢等について」参照。

（2）サイバー攻撃とは

　警察では，サイバーテロとサイバーインテリジェンスの２つをサイバー攻撃と呼んでいる。

① サイバーテロ

　サイバーテロとは，重要インフラ（情報通信，金融，航空，空港，鉄道，電力，ガス，政府・行政サービス〔地方公共団体を含む〕，医療，水道，物流，化学，クレジット，石油の14分野）の基幹システム（国民生活または社会経済活動に不可欠な役務の安定的な供給，公共の安全の確保等に重要な役割を果たすシステム）に対する電子的攻撃または重要インフラの基幹システムにおける重大な障害で電子的攻撃による可能性が高いものをいう*。

　　＊『令和３年版 警察白書』p. 19参照。なお，重要インフラ14分野は，「重要イン

フラの情報セキュリティに係る第４次行動計画」(2017〔平成29〕年４月サイバーセキュリティ戦略本部決定）により指定されている。

② サイバーインテリジェンス

サイバーインテリジェンスは，サイバーエスピオナージともいい，情報通信技術を用いて政府機関や先端技術を有する企業から機密情報を窃取する諜報活動のことをいう＊。

　＊『令和３年版 警察白書』p.19参照。

トピック１　犯罪とは何か

犯罪とは，端的には「構成要件に該当する違法，有責な行為」をいう。すなわち，構成要件該当性，違法性，有責性がそろうと犯罪となる。

構成要件とは，刑罰法規が定める犯罪行為の類型のことで，これに該当することが犯罪となる第一の要件である。

違法性は，違法性阻却事由に該当しない場合に認められる。違法性阻却事由には，正当行為，正当防衛，緊急避難の３つがある。正当行為とは，法令または正当な業務による行為（法令による行為・正当業務行為）を言い，警察官が強制力を行使して犯人を逮捕する行為，刑務官が死刑を執行する行為，医師が外科手術を行う行為，ボクサーが試合で相手を殴る行為等が該当する。正当防衛とは，急迫不正の侵害行為に対して自己または第三者を守るために必要な範囲で反撃を行う行為であり，犯罪者が襲い掛かってきたときに反撃する行為などが該当する。緊急避難とは，自己または第三者に対する現在の危難を避けるためにやむを得ずした行為（補充性）で，それにより生じた害が避けようとした害を越えない場合（法益の権衡）に認められる。火事に遭って逃げ出すために建物の窓を割る行為，車にひかれそうになり近くの花壇に飛び込んで花を折る行為などが該当する。

そして，有責性は，刑事責任能力があるということを意味する。刑事責任能力が認められない場合として，刑事未成年（14歳未満）と心神喪失がある（心神耗弱は減刑）。これらに該当しなければ有責性が認められる。

トピック２　法令を読むための基礎知識

我が国の法体系は，憲法を頂点としたピラミッド型をしている。憲法と条約の関係については，憲法優位説と条約優位説があるが，憲法優位説が圧倒的な通説になっている。

法令のうち，国会が制定するものを「法律」，行政機関が制定するものを「命令」

と言い，命令の効力は法律より下位である。また，命令は，法律の委任に基づくか，法律を執行するためのものである必要がある。命令のうち，内閣が制定するのが「政令」，各省の大臣が制定するのが「省令（及び内閣府令）」である。政令と省令では政令が上位となる。

　法令は日本語で書かれた文章であるから，基本的にそのまま読んで意味を取ればよいが，例えば以下のような用語や約束事があり，これらは法令を読み解くのに重要である。

【条，項，号】

　法令の条文では「第○条第△項第□号」というように，文章を「条」「項」「号」に分けている。

【前段，後段，ただし書き，柱書】

　条文の中で文章が句点（「。」）で 2 つに分けられている場合，最初の文を「前段」，後の文を「後段」という。後の文が「ただし」で始まる場合は，最初の文を「本文」，後の文を「ただし書き」という。条文の中に第一号，第二号，…と号が列挙されるとき，号の列挙を除いた本文のことを「柱書（はしらがき）」という。

【「公布」と「施行」】

　法令の「公布」とは法令を一般に周知することである。具体的には官報に掲載することで公布が行われる。

　法令の「施行」とは制定された法令の効力が現実に発動することを意味する。

【「又は」と「若しくは」】

　単純に語句を選択して結び付ける場合は「A又はB」「A，B又はC」というように「又は」が使われる。

　選択をさらに細分化して結び付ける場合は「若しくは」が使われる。「又は」は一番大きい接続にだけ使われる。3 段階なら「｛（A若しくはB）若しくはC｝又はD」のようになる。

【「及び」と「並びに」】

　単純に語句を並列して結び付ける場合は「A及びB」「A，B及びC」というように「及び」が使われる。

　並列をさらに細分化して結び付ける場合は「並びに」が使われる。「及び」は一番小さい接続にだけ使われる。3 段階なら「｛（A及びB）並びにC｝並びにD」のようになる。

　例えば，次の条文の意味はどうだろうか。

　　「電話をかけて何も告げず，又は拒まれたにもかかわらず，連続して，電話をかけ，ファクシミリ装置を用いて送信し，若しくは電子メールの送信等をすること」

　これは，以下の 4 つの行為が選択関係にあることを意味する。

　　a　電話をかけて何も告げないこと

b　拒まれたにもかかわらず，連続して，電話をかけること

c　拒まれたにもかかわらず，連続して，ファクシミリ装置を用いて送信すること

d　拒まれたにもかかわらず，連続して，電子メールの送信等をすること

学習を深めるために

　あなたは，今の日本の治安情勢とサイバー犯罪情勢をどのようにとらえているだろうか。あなたや親しい人がサイバー犯罪に実際に遭う危険をどれほど感じているだろうか。また，サイバー空間の治安が社会全体の治安情勢に与える影響はどれくらいあるだろうか。こうした観点からサイバー犯罪情勢について議論を深めてみよう。

第2章

不正アクセス禁止法

　　本章では，第1章で分類したサイバー犯罪のうち，不正アクセス禁止法違反について解説する。また，インターネットバンキングに係る不正送金など，不正アクセス行為を基に行われる犯罪についても触れる。

1　不正アクセス禁止法の禁止行為

　「不正アクセス行為の禁止等に関する法律」（不正アクセス禁止法）は，1999（平成11）年に制定され，翌2000（平成12）年7月に施行された。

　不正アクセス禁止法第1条では，法の目的として，「電気通信回線を通じて行われる電子計算機に係る犯罪の防止及びアクセス制御機能により実現される電気通信に関する秩序の維持を図」ることが規定されており，同法は，サイバー空間の秩序維持のための規範を定める法律として極めて重要である。

　不正アクセス行為とは，アクセスが制御されたコンピュータを不正な手段によって利用可能にする行為のことである（第2条第4項）。不正アクセス禁止法は，違反行為として，こうした不正アクセス行為そのもののほか，他人の識別符号を不正に取得する行為，不正アクセス行為を助長する行為，他人の識別符号を不正に保管する行為，識別符号の入力を不正に要求する行為を定めている。いずれも罰則が適用される。

　不正アクセス行為を犯罪化するに当たり，その処罰の根拠として2つの考え方があり得る。第1は，不正アクセス行為を，ネットワーク侵入後に敢行されるファイルの改ざんや消去などの行為の未遂罪ないし予備罪として罰するというものであり，第2は，不正アクセス行為を，ネットワークの安定性や信頼性

を侵害する行為として独自の当罰性（刑事罰に値する違法性）を帯びた行為とするものである。不正アクセス禁止法は，第1条の目的規定からも明らかなように第2の考え方に立っており，ネットワークの信頼性・秩序の維持そのものに法的保護を与えようとするものである。不正アクセス行為をした時点で処罰の対象となり，不正アクセス行為に伴う具体的な被害の発生は要件とされない*。

> ＊第1の考えも，考え方の一つとして成り立ち得る。不正アクセス行為は，必ず何らかの行動（例えば，会社の情報等を盗み出す・改ざんする・消去する，あるいはインターネットバンキングを用いて不正送金するなど）を伴うので，別の罪の予備罪といった位置づけとすることも可能であろう。実際に，不正アクセスしただけでは，これといった実害が生じず，された方が気づかないことも多い。

（1）不正アクセス行為

　不正アクセス禁止法第3条は，「何人も，不正アクセス行為をしてはならない」と規定している。不正アクセス行為を行った場合，3年以下の懲役または100万円以下の罰金に処せられる（第11条）。

　不正アクセス行為については，以下の3つの類型が規定されている。

　第1は，アクセス制御機能のある特定電子計算機（電気通信回線に接続しているコンピュータ〔第2条第1項〕）に対し，電気通信回線を通じて他人の識別符号を入力し，制御されている利用を可能にする行為（第2条第4項第1号）である。

　識別符号とは，利用権者（アクセス管理者によって利用の許諾を得た者〔第2条第2項〕）に対して，他の利用権者と区別して識別することができるように付される符号（第2条第2項）であり，通常はID・パスワードのことをいう（他に指紋なども該当し得る）。なお，アクセスの行為者が，アクセス管理者や利用権者から当該識別符号の使用の承諾を得ていた場合は，不正アクセス行為から除外される。

　第2は，アクセス制御機能のある特定電子計算機に対し，電気通信回線を通

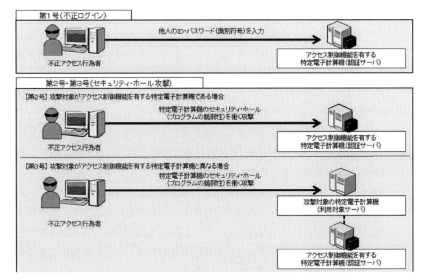

図 2-1 不正アクセス行為（第 2 条第 4 項）の類型
出典：警察庁「不正アクセス行為の禁止等に関する法律の解説」

じて特殊な情報または指令を入力するなどして，制御されている利用を可能に
する行為（第 2 条第 4 項第 2 号）であり，第 3 は，ネットワークで接続された
他の特定電子計算機のアクセス制御機能によって利用が制限されている特定電
子計算機に対し，電気通信回線を通じて特殊な情報または指令を入力するなど
して，制御されている利用を可能にする行為（第 2 条第 4 項第 3 号）である。

　第 1 の類型の不正アクセスは，「識別符号窃用型」と呼ばれる。なりすまし
行為による犯罪であり，他人の識別符号を断りなく入力する「不正ログイン」
に当たる。

　第 2，第 3 の類型は，攻撃用プログラムを用いるなどしてアクセス制御機能
を回避しコンピュータの機能を利用する行為である。アクセス制御機能のプロ
グラムの瑕疵，アクセス管理者の設定上のミス等のコンピュータ・システムに
おける安全対策上の不備を攻撃する行為であるので，「セキュリティ・ホール
攻撃型」と呼ばれる。攻撃対象自体がアクセス制御機能を有している場合と，
攻撃対象がネットワークの中で他の特定電子計算機のアクセス制御機能に守ら
れている場合があるので，第 2，第 3 号で書き分けられている*。

＊不正アクセス行為の成立には，不正アクセスの対象となるコンピュータに「アクセス制御機能」すなわち不正アクセス対策が講じられていることが前提となる。誰でも自由にアクセスできるコンピュータであれば不正アクセスの対象とはならない。また，そもそも電気通信回線に接続されていない，いわゆるスタンドアローンのコンピュータを他人の識別符号を入力して利用する行為も対象外である。

　不正アクセス行為は，電気通信回線を通じて行われるものに限定されている。これは，不正アクセス禁止法が，「電気通信回線を通じて行われる電子計算機に係る犯罪の防止」を目的とする（第1条）ことからの当然の帰結といえる。したがって，電気通信回線に接続しているコンピュータであっても，そのキーボードを直接操作して他人の識別符号を入力し利用を可能にするような行為は不正アクセス行為には当たらない。そうした行為の防止は，スタンドアローンのコンピュータに対する不正な行為の防止ともども，主として建物や部屋への入室管理の徹底等の手段によるべきであろう。

　いわゆる「ゾンビID」（退職した職員のIDでアクセス管理者がファイルから消去し忘れていたもの）は，もはや利用権者に付されているものではないから識別符号に該当しない。これを用いた不正アクセスは，アクセス管理者の設定上のミス（ファイルからの消し忘れ）というコンピュータ・システムにおける安全対策上の不備を突いた攻撃であることから，セキュリティ・ホール攻撃型に分類される。

（2）不 正 取 得

　不正取得とは，不正アクセス行為の用に供する目的で，他人の識別符号を取得する行為であり（第4条），1年以下の懲役または50万円以下の罰金に処せられる（第12条第1号）。

　「不正アクセス行為の用に供する目的」とは，取得者自身が他人の識別符号を用いて不正アクセス行為を行う意図を有する場合のほか，第三者が不正アクセス行為を行う意図がある場合に，そのことを認識しながら当該第三者に識別符号を提供する意図を持ってこれを取得する場合のことをいう。

　「取得」とは，識別符号を自己の支配下に移す行為のことであり，具体的には，ID・パスワードが記載されたメモや，ID・パスワードが記録されたUSB

トピック 3　SQL インジェクション

　セキュリティ・ホール攻撃型の不正アクセスの典型的な手口に「SQL インジェクション」がある。パスワード認証システムに対して、あたかも正しいパスワードが入力されたかのように認識させる手法である。

　ウェブサーバの多くはデータベースサーバと連携しており、ウェブページに必要な情報はデータベースに収納しておいて必要に応じて検索して取り出している。このデータベースとのやりとりは SQL というコンピュータ言語で制御される。

　SQL インジェクションでは、入力チェックが不完全なサイトにおいて、通常は想定されないような悪意のある SQL 命令文を送り込み、データベースへの不正なアクセスを行う。SQL 命令文は、アポストロフィ（ ' ）、セミコロン（ ; ）、パーセント（%）などの記号が意味を持つものとされている。例えば、アポストロフィは条件式の終端を意味するが、これを悪用するのである。

　単純な例を挙げると、例えば、ログインにユーザ ID とパスワードが必要な認証システムにおいて、パスワードに「'OR'1'='1」と入力を行う。最初の入力値「 ' 」によって、パスワードに関する WHERE 句（SQL 命令文で検索条件を指定するためのもの）の条件式を一旦終端させ、次に OR を含むと、その後ろの「'1'='1」という式が OR の対象になる。「1」と「1」は同じ文字であるから「＝」で比較すると必ず真となる。この式全体では、前段と後段が OR で結ばれていて、後段は必ず真であることから、WHERE 句全体が常に真となり、パスワードを入力せずにログインすることが可能となってしまう。「'1'='1」の部分は、他にも「'A'='A」など、常に真となるような式であればよい。

　このような攻撃に対しては、SQL 命令文の機能に影響ない範囲でエスケープ処理をする（SQL 命令文で意味を持つ文字を単なる文字に変えること）ことなどにより、対策は可能である。

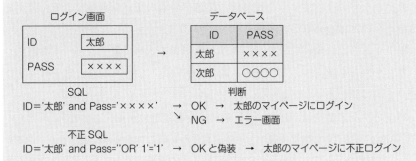

メモリ等の電磁的記録媒体を受け取る行為，ID・パスワードを記憶する行為等が該当する。

　ID・パスワードの組み合わせにおいて，ID は秘密にされておらずパスワードだけが利用者により秘密に管理されている場合はパスワードだけを取得することで不正アクセスが可能になるので，その取得は不正取得に該当する。

　不正取得は，ID・パスワードの不正な流出や流通を防止し不正アクセス行為禁止の実効性を高めるために，2012（平成24）年改正で追加された。

（3）不正アクセス助長

　不正アクセス助長は，業務その他正当な理由による場合を除き，他人の識別符号を第三者に提供する行為である（第5条）。

　提供者が提供行為を行うに当たり，相手方に不正アクセス行為に用いる目的があると知りながら不正アクセス助長行為を行った場合は，1年以下の懲役または50万円以下の罰金に処せられる（第12条第2号）。そのような認識がない場合は，30万円以下の罰金に処せられる（第13条）。

　業務その他の正当な理由による提供行為は罪とはならない。例えば，情報セキュリティ事業者が，契約している企業の ID・パスワードのリストがインターネット上で流出している場合にこのことを当該企業に情報提供する行為であるとか，セミナーの資料で ID・パスワードの流出の実態を訴えるために実際に流出したものを示すような行為は，業務その他の正当な理由によるものであるため，罪とはならない。

　提供するとは，識別符号を第三者が利用できる状態に置くこと，すなわち，こうした情報を教えることである。教える方法は，口頭，電話，電子メールなど，方法は問わない。

　不正アクセス助長は，2012（平成24）年改正で対象が拡大された＊。

　　＊改正前は「その識別符号がどの特定電子計算機の特定利用に係るものであるかを明らかにして，又はこれを知っている者の求めに応じて」との限定要件があった。これは，識別符号が提供されても，それがどの特定電子計算機の利用に係るものか明らかでなければ容易に不正アクセスが実行できず不正アクセスの

助長にはならないことを理由に，処罰の対象が不当に広くならないよう措置されたものであった。しかし，一人の人が利用するウェブサイトの数が増加し，同じ識別符号を使いまわす例が多く見られるなど，どの特定電子計算機の特定利用に係るものかを明らかにしないままの提供行為であっても不正アクセスを助長する状況と認められるようになったため，この要件を削除して対象を拡大することになったものである。

（4）不 正 保 管

不正保管は，不正アクセス行為に用いる目的で，不正に取得された他人の識別符号を保管する行為（第6条）で，1年以下の懲役または50万円以下の罰金に処せられる（第12条第3号）。保管するとは，識別符号を自己の実力支配内に置くことをいい，具体的には，ID・パスワードが記載された紙や，それらが記録された電磁的記録媒体を保有する行為などが該当する。

不正保管は，2012（平成24）年改正で追加された。

（5）不正入力要求（フィッシング）

不正入力要求は，識別符号の入力を不正に要求する行為であり，2012（平成24）年改正で追加された。正規のアクセス管理者になりすまし，利用権者に対し識別符号を入力することを求める情報を公衆が閲覧することができる状態に置く行為（第7条第1号）や識別符号を入力することを求める情報を電子メールで送信する行為（第2号）がこれに該当し，1年以下の懲役または50万円以下の罰金に処せられる（第12条第4号）。これは，いわゆるフィッシング行為*を禁止する規定である。

> ＊フィッシング（Phishing）の語源については，fishing（釣り，釣り上げ）がもともとの意味で，これに，sophisticated（洗練された）という言葉を合わせて誕生した，などと言われている。

一般に，フィッシングとは，金融機関等を装った電子メールを送るなどして，氏名，銀行口座番号，クレジットカード番号，アカウントのID・パスワード

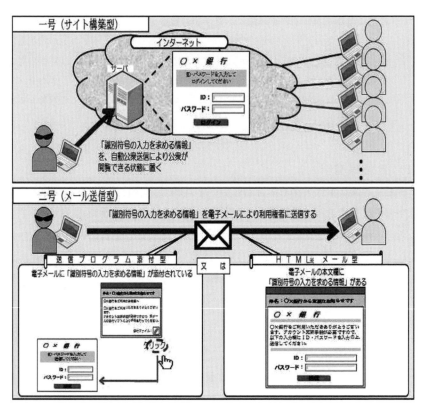

図2-2　禁止・処罰するフィッシング行為の類型

出典：警察庁「不正アクセス行為の禁止等に関する法律の解説」

などの個人情報を詐取する行為である。偽サイト（フィッシングサイト）に誘導し，そこで個人情報を入力させる手口が一般的に使われている。

　典型的な手口としては，まず，銀行やクレジットカード会社からのお知らせのふりをしたメールをユーザーに送りつける。「あなたの口座が（あるいはクレジットカードが）不正に利用されている可能性があります。以下の手順に沿って本人確認をお願いします」などと称して巧みにリンクをクリックさせ，あらかじめ用意した本物のサイトにそっくりな偽サイトにユーザーを誘導する。そこで口座番号やクレジットカード番号などを入力するよう促し，入力された情報を盗み取るのである。

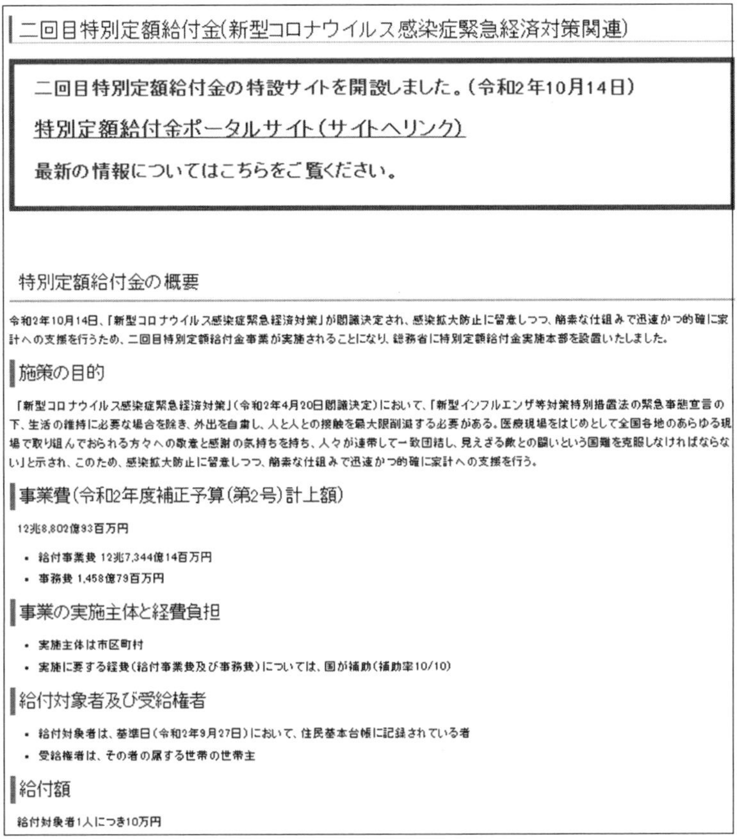

> 二回目特別定額給付金（新型コロナウイルス感染症緊急経済対策関連）
>
> 二回目特別定額給付金の特設サイトを開設しました。（令和2年10月14日）
>
> 特別定額給付金ポータルサイト（サイトへリンク）
>
> 最新の情報についてはこちらをご覧ください。

特別定額給付金の概要

令和2年10月14日、「新型コロナウイルス感染症緊急経済対策」が閣議決定され、感染拡大防止に留意しつつ、簡素な仕組みで迅速かつ的確に家計への支援を行うため、二回目特別定額給付金事業が実施されることになり、総務省に特別定額給付金実施本部を設置いたしました。

施策の目的

「新型コロナウイルス感染症緊急経済対策」（令和2年4月20日閣議決定）において、「新型インフルエンザ等対策特別措置法の緊急事態宣言の下、生活の維持に必要な場合を除き、外出を自粛し、人と人との接触を最大限削減する必要がある。医療現場をはじめとして全国各地のあらゆる現場で取り組んでおられる方々への敬意と感謝の気持ちを持ち、人々が連帯して一致団結し、見えざる敵との闘いという国難を克服しなければならないと示され、このため、感染拡大防止に留意しつつ、簡素な仕組みで迅速かつ的確に家計への支援を行う。

事業費（令和2年度補正予算（第2号）計上額）

12兆8,802億93百万円

- 給付事業費 12兆7,344億14百万円
- 事務費 1,458億79百万円

事業の実施主体と経費負担

- 実施主体は市区町村
- 実施に要する経費（給付事業費及び事務費）については、国が補助（補助率10/10）

給付対象者及び受給権者

- 給付対象者は、基準日（令和2年9月27日）において、住民基本台帳に記録されている者
- 受給権者は、その者の属する世帯の世帯主

給付額

給付対象者1人につき10万円

▷2020（令和2）年10月に確認された総務省を装ったメール。ありもしない「第二回特別定額給付金」の申請サイト（特設サイト）へ誘導している。

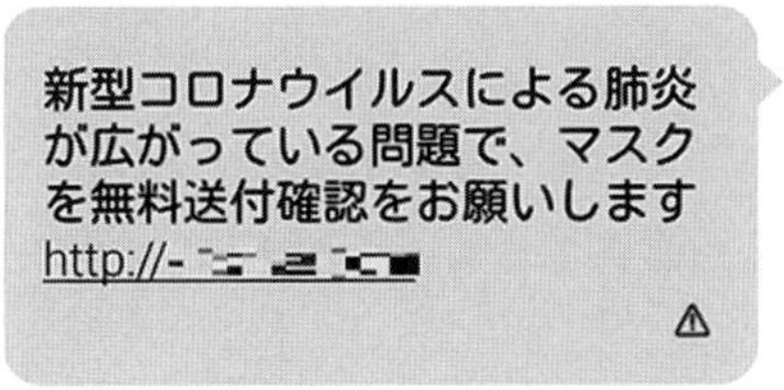

▷マスクが無料でもらえるかのような内容の SMS

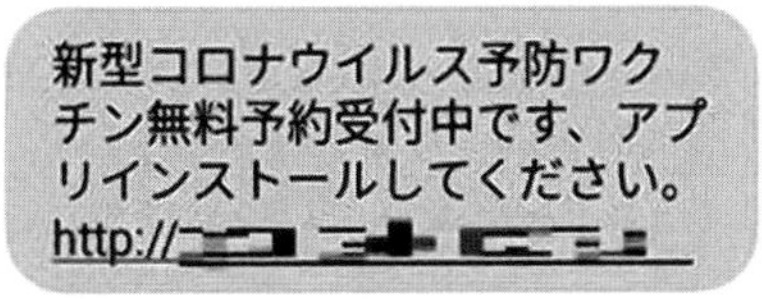

▷新型コロナウイルスのワクチン予約を装う SMS

図2-3　新型コロナウイルス感染症に関連した偽のメール，SMS

出典：日本サイバー犯罪対策センターのウェブサイト

フィッシングは，このように，氏名，口座番号，クレジットカード番号など
さまざまな価値のある個人情報を詐取する行為一般を指すが，このうち不正ア
クセス禁止法第7条違反となるのは，識別符号の入力を求めた場合である。

　第7条第1号は「サイト構築型」，第2号は「メール送信型」と呼ばれる。
「サイト構築型」は，偽のウェブサイトを作成し，ID・パスワードを入力する
よう求める文章と入力欄や送信用のボタンを表示して，これらを入力させよう
とするものである。「メール送信型」は，偽の電子メールを送信して，電子メ
ールの本文欄等に，ID・パスワードを入力するよう求める文章と入力欄や送
信用のボタンを表示するなどし，これらを入力させようとするものである。

　いわゆるフィッシングメールは，誰もが受信する可能性があるため，誰にと
っても身近な事案で社会問題にもなっている。また，フィッシングでは，社会
情勢やその時々の話題を巧みに利用してメールを作り上げることもよくみられ
る。図2-3は，新型コロナウイルスに関連したフィッシングメールの例であ
る。

　フィッシングでは，「悪用されている」「不正に利用されている」「未払いの
料金がある」などと不安をあおる手法と，「給付金の支給がある」「マスクを無
料配布する」，あるいは「宝くじに当選した」などと儲かる話を振る手法がよ
く見られる。いずれも対応に駆られる人間の心理をよく突いている。

2　不正アクセス禁止法違反事件の認知・検挙等の状況

（1）認知・検挙状況

　サイバー犯罪では，認知件数は公表されておらず，検挙件数のみである。こ
れは，サイバー犯罪には多くの特別法犯が含まれており，特別法犯には認知件
数のデータがないからである（第1章参照）。

　しかし，不正アクセス禁止法違反に関しては，同法第10条の「毎年少なくと
も1回，不正アクセス行為の発生状況（中略）を公表するものとする」との規
定に基づき，警察庁が，各都道府県警察が調査した不正アクセス行為の認知件
数を集計して公表している*。この認知件数は，「不正アクセス被害の届出を

受理した場合のほか，余罪として新たな不正アクセス行為の事実を認知した場合，報道を踏まえて事業者等に不正アクセス行為の事実を確認した場合その他関係資料により不正アクセス行為の事実を確認することができた場合において，被疑者が行った犯罪構成要件に該当する行為の数」をいう＊＊。

　＊毎年，「不正アクセス行為の発生状況及びアクセス制御機能に関する技術の研究開発の状況」（国家公安委員会，総務大臣，経済産業大臣）において公表されている。なお，本文（1）認知・検挙状況に記載の数値は令和4年4月7日付の同文書による。
　＊＊『令和3年版 警察白書』p.15参照。

　警察によるこのような調査に基づき得られた不正アクセス行為の認知件数は，2021（令和3）年において1516件であった。また，同年における不正アクセス行為の認知件数について，不正アクセス後に行われた行為別に内訳を見ると，インターネットバンキングでの不正送金等が最も多く（693件），次いでインターネットショッピングでの不正購入（349件），メールの盗み見等の情報の不正入手（175件）の順となっている。

　一方，2021（令和3）年における不正アクセス禁止法違反事件の検挙件数・検挙人員は429件・235人であり，429件中408件が不正アクセス行為であった。前述のとおり，不正アクセス行為は，識別符号窃用型とセキュリティ・ホール攻撃型に分かれるが，検挙件数では識別符号窃用型が圧倒的多数であり，398件（408件中）と97.5％を占めている。また，検挙した不正アクセス禁止法違反事件に係る被疑者の年齢は20〜29歳が87人（235人中）で最も多く（37.0％），次いで14〜19歳，30〜39歳の順となっている。検挙した識別符号窃用型の不正アクセス行為の手口を見ると，利用権者のパスワードの設定・管理の甘さにつけ込んで入手したものが153件（398件中）と最も多く（38.4％），次いでフィッシングサイトにより入手したものであった（70件）。

（2）ソーシャル・エンジニアリング
　ソーシャル・エンジニアリングとは，人間の心理や行動のスキを突くことで

情報を不正に取得する手段の総称をいう。言葉巧みに利用権者から聞き出しまたはのぞき見して ID・パスワードやその他の個人情報等の重要な情報を盗むような行為が該当する。情報技術が不要で誰でも実行可能な手段であると言える。

例えば,

- システム管理者になりすまし,メールのやりとりによって個人情報を引き出す
- 上司や役員を名乗って電話をかけ,ID・パスワードを忘れたとして,至急教えるよう要求する（ネームドロップハリーアップ）
- 面と向かって何気なく個人情報を聞き出す
- ゴミ箱に廃棄されたゴミから重要情報を得る（トラッシング）
- 肩越しにパソコンやスマートフォンの画面をのぞき見て情報を得る（ショルダーハッキング）
- 机上に残したスマートフォンの脂の跡からパターンロックを推測する

といった手口が用いられる。

不正アクセスを予防する観点からも,日常生活においてソーシャル・エンジニアリングに対する十分な注意が必要である。

（3）インターネットバンキングに係る不正送金事犯

不正アクセスを成功させたあとの犯罪行為として最も深刻と言えるのが,インターネットバンキングに係る不正送金事犯である。不正送金事犯は,地方銀行・信用金庫等,かつてはセキュリティ対策の立ち遅れが目立っていた金融機関の対策が進み,2018（平成30）年頃にかけて相当減少していた。加えて,金融機関によるワンタイムパスワード（認証用パスワードで認証のたびに変わる。ID・パスワードを盗まれただけでは不正送金されない）の普及などにより状況が改善していた。

ところが,2019（令和元）年には一転して急増を見せ,同年の発生件数は1872件,被害額は約25億2100万円となった。被害の多くは,SMS（ショート・メッセージ・サービス）や電子メールを用いて金融機関を装ったフィッシング

心の隙を作らないようにする
（対ソーシャルエンジニアリング）

図2-4　ソーシャル・エンジニアリング
出典：NISC「インターネットの安全・安心ハンドブック」

サイトへ誘導する手口によるものと考えられる。送金に必要なワンタイムパスワードまで含めて入力させてしまう手口である。不正送金事犯は、その後再び減少に転じ、2020（令和2）年の発生件数は1734件、被害額は約11億3300万円、2021（令和3）年の発生件数は584件、被害額は約8億2000万円であった*。警察庁では、2年連続で減少したことについて、犯行手口を分析し、金融機関等に対して認証手続きやモニタリングの強化等を要請したことや、金融機関等と連携し利用者に対する注意喚起を実施したことが功を奏した、と分析している**。

> ＊警察庁「令和3年におけるサイバー空間をめぐる脅威の情勢等について」による。
> ＊＊警察庁「令和3年の犯罪情勢」p.2参照。

（4）スミッシング

SMS（ショート・メッセージ・サービス）を用いたフィッシングはスミッシング（Smishing）と呼ばれている。SMSを用いて銀行などを騙ってメッセージを送り、本物のログインサイトに精巧に似せた偽サイトへ誘導するものである。

SMSは、090や080に続く8桁の数字をランダムに並べるだけで送信できるため、ユーザーの電話番号が漏えいしていなくてもこうした偽装SMSを受信する可能性があるうえ、メッセージをスマートフォンですぐに開くことができるので開封率も高くなる。こうしたことから、犯罪者は、スマートフォン利用者を偽サイトへ誘導する手段としてSMSを多用しているとみられる。

スミッシングなどのフィッシングに対するユーザー側の対策としては、まずは表示されているサイトのURLが正規サイトのURLと同一か確認することが必要である。また、サイトへのアクセスを行おうとする場合、送られてきたメールやSMSに記されたURLをクリックするのでなく、事前にブックマークしたURLからアクセスするよう習慣づけることも有効な対抗策である*。

一般財団法人日本サイバー犯罪対策センター（JC3）が2019（令和元）年6月に注意喚起したスミッシングの事例では、図2-5のように、本物の通信事業

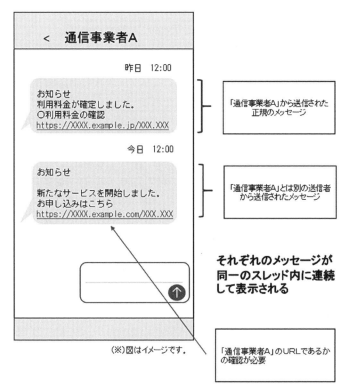

図2-5　偽のメッセージ
出典：日本サイバー犯罪対策センター「通信事業者を騙るスミッシング詐欺の
　　　手法に係る注意喚起」(2019.06.14)

者が送信するメッセージが表示される SMS のスレッドに，犯人が偽のメッセ
ージを挿入するという，極めて巧妙な手法を用いている。十分な注意が必要で
ある。

　＊表示されているサイトの URL が正規サイトの URL と同一か確認するに際し，
　　「microsoft」 を 「rnicrosoft」，「Amazon」 を 「Arnazon」，「Zoom」 を
　　「Z00m」とするように，一見して見破りにくい巧妙な手法が用いられているこ
　　とがある。注意が必要である。

トピック4　多要素認証（MFA：Multi-Factor Authentication）

　多要素認証とは，知識情報，所持情報，生体情報のうち，2つ以上を組み合わせて認証することを指し，近年，セキュリティ向上の一環として広く実施されている。
　　・知識情報：Something You Know　パスワード，秘密の質問の答など
　　・所持情報：Something You Have　身分証明書，ワンタイムパスワード，
　　　　　　　 SMS認証（SMSで利用者の携帯電話に認証コードを送信し利用
　　　　　　　 者が当該認証コードを一定時間内に入力することにより行う認証）
　　　　　　　 など
　　・生体情報：Something You Are　指紋，静脈，虹彩など
　多要素認証が利用できる環境であれば利用するのがセキュリティ対策上望ましい。なお，ID・パスワードに加えて秘密の質問に答える場合もセキュリティレベルは高いと言えるが，知識情報×2なので，多段階の認証ではあるものの，多要素認証には該当しない。

トピック5　NOTICE（パスワード設定等に不備のあるIoT機器の調査）

　NOTICEは，国立研究開発法人情報通信研究機構法（NICT法）の改正（2018〔平成30〕年）により，同機構が翌2019（平成31）年2月から取り組んでいる調査活

表2-1　NOTICEにおいて入力するID・パ
　　　 スワードの例

これまでサイバー攻撃のために用いられたもの	
ID	パスワード
admin	admin
admin1	password
root	user
root	default
supervisor	supervisor

同一の文字，連続した番号など	
ID	パスワード
admin	111111
root	123456
root	666666
root	54321
888888	888888

出典：NICTのウェブサイト「NOTICE　よくある質問」

動である。5年間の時限措置とされている。

　調査の中心となる手法が「特定アクセス行為」と呼ばれるものである。これはインターネット上のIoT機器*に，容易に推測されるパスワードを入力することにより，サイバー攻撃に悪用されるおそれのある機器を特定するもので，世界初の取組みと言われている。

　　＊IoT機器とは，パソコン・スマートフォン等のIT機器以外で，インターネットにつながったさまざまな機器（テレビ，エアコン，照明器具等）を指す。

　特定アクセス行為は，プログラムを用いて自動的に行われ，入力するID・パスワードは，NICTによる実施計画に記載されている約600通りに限られる（開始当時は約100通り）。特定アクセスが成功した場合，NICTでは当該機器の利用者を特定できないので，該当するIPアドレスの情報を，利用者が契約しているインターネット・サービス・プロバイダ（ISP）に通知する。通知を受けたISPは顧客である機器の利用者に通知する。そして，機器の利用者はNICTのサポートセンターの助けを受けつつパスワードをより安全なものに変更する。

　2020（令和2）年度におけるNICTからISPへの通知件数（2021〔令和3〕年3月までの累積）は1万2804件に上っている（NICT「IoT機器調査及び利用者への注意喚起の実施状況」（2021年3月度））。

　ところで，特定アクセス行為は，他人のID・パスワード利用したアクセスに他ならないので，不正アクセス禁止法の不正アクセス行為に該当しかねない。そこで，NOTICEを実施するため，NICT法を一部改正し，同法附則第8条第7項により，特定アクセス行為を不正アクセス禁止法の不正アクセス行為（不正ログイン）から除外する措置が取られた。

┌─ 学習を深めるために ─

　サイバー空間の秩序維持のための規範として重要な不正アクセス禁止法についての理解を深めよう。その上で，自分が不正アクセスの被害に遭わないために，また，不正アクセスの被害に遭う人を減らすために，私たちはどのような心構えでどのような取組みを行うのが望ましいか，考えてみよう。

第3章

コンピュータ・電磁的記録対象犯罪

　　本章では，コンピュータ・電磁的記録対象犯罪を取り上げる。対象とするのは，いずれも刑法に規定された罪であり，不正指令電磁的記録に関する罪（コンピュータウイルス罪）と，電磁的記録不正作出・毀棄等，電子計算機損壊等業務妨害，電子計算機使用詐欺の各罪である。

1　不正指令電磁的記録に関する罪（コンピュータウイルス罪）

　2011（平成23）年の刑法改正で，不正指令電磁的記録に関する罪（コンピュータウイルス罪）が新設された（刑法第19章の2）*。これはサイバー犯罪条約**批准のための国内法整備***の一環として改正されたものである。サイバー犯罪条約はこの改正を受けて2012（平成24）年に批准手続きが取られ，我が国に対して発効した。

　　＊ここではコンピュータウイルスと呼んでいるが，通常，コンピュータウイルスは，実世界のウイルスと同様，単体では動作せずファイルやプログラムに寄生して増殖するタイプの不正プログラムのことをいう。単体で動作できるものは「ワーム」と呼ばれる。このような言葉の使い分けがあり，不正プログラム全体を指すものとしては「マルウェア」という用語がより一般的である。ただ，不正プログラム全体を指してウイルスということもあり，不正指令電磁的記録に関する罪は立法当時からコンピュータウイルス罪と呼ばれてきたので，ここでもその言い方にならう。

　　＊＊サイバー犯罪条約については，第12章で解説する。

　　＊＊＊条約を結ぶ場合に，条約が求める内容が国内法において未整備であれば，批准に向けて法整備が必要となる。こうした法制を条約の国内担保法という。

不正指令電磁的記録に関する罪の新設以前は、コンピュータウイルスに該当するプログラムによりコンピュータの機能が阻害された事案について器物損壊罪等で処罰せざるを得なかった。例えば、「イカ・タコウイルス事件」（パソコンのデータファイルがイカやタコの画像で書き換えられ使えなくなるウイルス感染事件）では器物損壊罪が適用されている＊。

＊東京地判平成23年7月20日、判例タイムズ、1393号、p. 366。

（1）罪となる行為

不正指令電磁的記録（コンピュータウイルス）とは、「人が電子計算機を使用するに際してその意図に沿うべき動作をさせず、又はその意図に反する動作をさせるべき不正な指令を与える電磁的記録」をいう（第168条の2第1項第1号）＊。正当な理由がないのに、第三者の電子計算機における実行の用に供する目的で、コンピュータウイルスを作成し、または提供すると、3年以下の懲役または50万円以下の罰金に処せられる（作成罪、提供罪）。プログラミング言語のままのテキストなど、コンピュータウイルスとして実質的に完成しているがそのままでは実行できない状態のものは、「不正な指令を記述した電磁的記録」（第2号）であり、そのような電磁的記録やこれに該当するソースコードを印刷した紙媒体なども、その作成・提供は同様に罰せられる。

＊電磁的記録とは、電子的方式、磁気的方式その他人の知覚によっては認識することができない方式で作られる記録であって、電子計算機による情報処理の用に供されるものをいう（刑法第7条の2）。

また、正当な理由がないのに、コンピュータウイルスを実行の用に供した者も3年以下の懲役または50万円以下の罰金に罰せられる（供用罪）。供用は未遂も処罰される（同条第2項、第3項）。

このほか、正当な理由がないのに、人の電子計算機における実行の用に供する目的で、コンピュータウイルスまたは不正な指令を記述した電磁的記録等を取得・保管した者は2年以下の懲役または30万円以下の罰金に処せられる（取得罪、保管罪）（第168条の3）。

　これらの罪は故意犯であるので，例えばプログラミングの過程でミスを犯しソフトウェアの不具合（バグ）を発生させてもコンピュータウイルス作成罪の構成要件に該当しない。

　「意図に反する動作をさせるべき不正な指令」という部分について付言すると，電子計算機の使用者の意図に反する動作をさせるプログラムは，多くの場合，不正な指令を与えるものといってよい。しかし，「意図に反する」かどうか（反意図性）の判断は，使用者にとって認識し得るかどうかという観点からなされ，「不正」かどうか（不正性）の判断はそのプログラムが社会的に許容し得るものであるかどうかの観点からなされる＊。したがって，例えば，ソフトウェアの製作会社がその不具合を修正するプログラムをユーザーに断りなくインストールした場合は，「意図に反する」ものの「不正」には当たらないと評価できる。これに対し，いわゆるポップアップ広告（ウェブページにアクセスしたとき自動的に立ち上がるウェブ広告）は，十分普及しており，利用者はウェブページへのアクセスに随伴して生じるものと認識すべきであるから「意図に反する」動作にも当たらない＊＊。

　　＊本章のトピックで述べる「コインハイブ事件」では，第一審から上告審まで，問題となったプログラムを「反意図性」と「不正性」の観点から評価し判示している。
　　＊＊吉田雅之「不正指令電磁的記録に関する罪」，河村博他編『概説サイバー犯罪』（青林堂，2018年）pp. 16-17参照。

　人の電子計算機における実行の用に供する（供用）とは，事情を知らない第三者のコンピュータで実行され得る状態に置くことをいう。実際に作動させるのが「実行」だが，実行され得る状態に置くだけで該当する。したがって，コンピュータウイルスの実行ファイルを電子メールに添付して送付する行為や，ウェブサイト上でダウンロード可能な状態に置いておく行為は，いずれも，いつでも実行できる状態に置く行為であるので，供用罪に該当する。

　プログラム作成者がウイルス作成罪に問われるか否かは，その者が「人の電子計算機における実行の用に供する」目的で当該プログラムを作成したか否か

によって判断することとなるから，仮に，正当な目的で作成したプログラムが他人に悪用されてコンピュータウイルスとして用いられたとしても，プログラムの作成者には同罪は成立しない*。

> *不正指令電磁的記録に関する罪の新設に当たり，ウイルス対策ソフトの開発が委縮するのではないかとの懸念の声があった。ウイルス対策ソフトの開発・試験に際してコンピュータウイルスに該当するプログラムを作成等する場合には，そもそも人の電子計算機における実行の用に供する目的が欠けているので犯罪不成立と言えそうだが，本罪が成立しないことを一層明確にする趣旨で，「正当な理由がないのに」との要件が規定された。

（2）検挙件数等

　不正指令電磁的記録に関する罪の検挙件数は少なく，2021（令和3）年において10件であった*。

> *警察庁「令和3年におけるサイバー空間をめぐる脅威の情勢等について」p.34。

　また，「コンピュータウイルス対策基準」（平成7年通商産業省告示第429号，最終改正平成12年12月28日）により，コンピュータウイルスを発見した者は，被害の拡大と再発を防ぐために必要な情報を経済産業大臣が指定する者に届け出ることとされており，情報処理推進機構（IPA）が届出の受理機関に指定されている。同機構は，届出に協力するよう広く呼びかけており，同機構が受理した2021（令和3）年におけるコンピュータウイルスの届出件数は878件であった*。

> *IPA「コンピュータウイルス・不正アクセスの届出状況　2021年（1月～12月）」p.1。なお，平成21（2009）年のコンピュータウイルス届出件数は1万6392件であった。このことからすると，最近は届出件数の顕著な減少がみられる。これについてIPA作成の『情報セキュリティ読本　5訂版』（2018年）では，脅威が低減したものではなく，最近は，巧妙化・凶悪化し，感染の兆候が目に見えず，脅威が見えにくくなっているため，と分析している（p.13参照）。

トピック6　コインハイブ事件

　ウェブデザイナーの男性が，自分のウェブサイトに仮想通貨（暗号資産）モネロ
（Monero）のマイニングプログラムであるコインハイブ（Coinhive）を設置し，サ
イトの閲覧者に無断でマイニング＊を行わせたとして，不正指令電磁的記録保管罪に
問われた事件である。このプログラムがコンピュータウイルスに該当するかが争われ，
以下のような経緯をたどり無罪が確定した。

>　＊マイニングとは，仮想通貨取引履歴のシステムに参加して取引を承認する作業
>　を行いその報酬として新規発行された仮想通貨を得ることをいう。この作業で
>　は，数値を当てずっぽうで次々に入れていくことが求められ，データを高速で
>　処理する能力が必要であるため，高性能のコンピュータとそれを長時間稼働さ
>　せる電力が欠かせない。

ア　一審の横浜地方裁判所の判断

　（横浜地判平成31年3月27日判例時報2446号，p. 78参考収録）

　横浜地裁は，コインハイブが不正指令電磁的記録に当たるかどうかについて，「閲
覧者の意図に反してプログラムを実行する反意図性が認められるか」という点と「不
正な指令であると言えるか」という点に分けて検討し，反意図性を有するが不正性を
有しないと判断した。すなわち，閲覧者は，コインハイブが実行されていることに気
付けないので，承諾を与えたとはいえず，閲覧者の意図に反するプログラムに該当す
ると認定した。その一方，マイニング行為による消費電力の増加や処理速度の低下な
どの影響は軽微である（広告表示プログラム等の場合と大きく変わることがない）こ
と，ブラウザを閉じてしまえば実行が終了すること，被告人自身が運営するウェブサ
イトにプログラムを設定しており，他人が運営するウェブサイトを改ざんしてマイニ
ングさせるような場合とは弊害の度合いが異なることなどを考慮して，不正な指令を
与えるプログラムと判断するには合理的な疑いが残るとした（不正性を否定）。よっ
て不正指令電磁的記録に関する罪には該当せず，男性は無罪であるとした。

イ　二審の東京高等裁判所の判断

　（東京高判令和2年2月7日裁判所ウェブサイト）

　東京高裁は，当該プログラムは不正指令電磁的記録に該当するとして有罪判決を言
い渡した（罰金10万円）。同高裁は，コインハイブの反意図性について一審同様認め
た上で，不正性についても，コインハイブは，その使用によって，閲覧者に利益を生
じさせない一方で，知らないうちに電子計算機の機能を提供させるもので一定の不利
益を与える類型のプログラムと言えるうえ，その生じる不利益に関する表示等もされ
ておらず，プログラムに対する信頼保護という観点から社会的に許容すべき点は見当
たらないなどとして，不正性を認めた。

ウ　最高裁の判断（最判令和4年1月20日裁判所ウェブサイト）

　最高裁は，当該プログラムは不正指令電磁的記録に当たらないとして逆転無罪判決を言い渡した。最高裁は，プログラムが不正指令電磁的記録に当たるかは，動作の内容に加え，パソコンの機能に与える影響の有無や程度等を考慮する必要がある，との判断基準を示した。そして，コインハイブは，マイニングの実行に同意を得ておらず説明や表示もないため，使用者の意図に反する動作をさせるものだったと反意図性を認めた。一方，閲覧者のパソコンに与える影響は，消費電力が若干増加したり処理速度が低下したりするものの，閲覧者が気づくほどではなく，これはウェブ広告と変わらず，社会的に許容される範囲のものであり不正性は認められないと判示した。

　以上のようにコインハイブ事件の無罪が確定したが，最高裁は，マイニングプログラムがコンピュータウイルスに当たるかどうかは使用者のパソコンの機能に与える影響の有無や程度等を考慮して判断すべきと判示しており，マイニングプログラム一般に対して自由に実行してよいとのお墨付きを与えたわけではない。したがって，今後も，仮に，あるマイニングプログラムをパソコンの使用者の同意を得ないまま作動させた場合において，消費電力の増加や処理速度の低下の面で顕著な影響を及ぼすようであれば，そのプログラムがコンピュータウイルスに該当すると判断されることもあり得るということになるだろう。

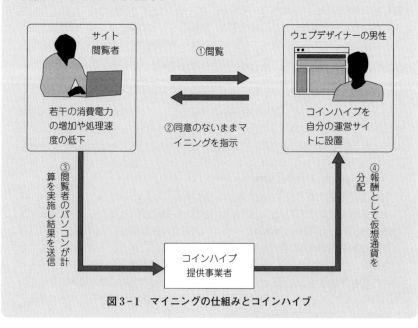

図3-1　マイニングの仕組みとコインハイブ

（3）ランサムウェア（身代金要求型ウイルス）

　コンピュータウイルスの中で，近年，猛威を振るっているのがランサムウェア（身代金要求型ウイルス）である。ランサムウェアの「ランサム（ransom）」とは「身代金」という意味であり，感染すると端末の操作やファイルの参照ができなくなり，これらを人質にとり，元に戻すパスワードが欲しければ代金（身代金）を支払うようにとの脅迫メッセージが表示される。

　米国では，以前から，とりわけ政府機関，大学などの教育機関，医療機関等が広く狙われてきている。こうした組織は，広範囲への影響を懸念して簡単にサービスを中断させることができないため，身代金要求に応じやすいからではないかとみられている。

　我が国に関しては，2021（令和 3）年中に警察庁が把握したランサムウェアの被害は，上半期61件，下半期85件の146件に上った。前年の下半期は21件であったため，まさに右肩上がりの増加がみられる＊。また，警察庁が実施した実態調査＊＊によると，国内所在の企業，教育機関，医療機関，地方公共団体，独立行政法人の計622団体から回答を得たアンケート調査で，過去に不正アクセス等の被害にあった団体のうち11.9％がランサムウェアによる被害を受けたことがあると回答している。

　　＊警察庁「令和 3 年におけるサイバー空間における脅威の情勢等について」p. 4。
　　＊＊「不正アクセス行為対策等の実態調査　アクセス制御機能に関する技術の研
　　　究開発の状況等に関する調査　調査報告書」（令和 2 年12月　警察庁情報技術
　　　犯罪対策課）。

　最近は，データの暗号化だけでなく，攻撃者側へのデータのコピー（盗み取り）をセットで行い，盗んだデータの一部をリークサイトと呼ばれるサイト上で公表する（あるいは公表すると予告する）ことで，身代金の入手を容易にするよう工夫されている場合が目立っている。こうした手口は二重恐喝（ダブルエクストーション）と呼ばれている。

　ランサムウェアの感染経路については，従業員等の関係者が不審メールの添付ファイルを開いてランサムウェアがダウンロードされてしまうケースや，同

じく関係者が攻撃者によって用意されたランサムウェアを拡散するサイトにアクセスして感染するケースのほか，古いタイプのVPN（仮想プライベートネットワーク）機器等の脆弱性を突かれて感染する例も多いとみられている＊。

> ＊警察庁「令和3年におけるサイバー空間における脅威の情勢等について」によると，ランサムウェアの被害を受けた企業・団体等に対し感染経路について質問したところ，有効な回答のあったもののうちVPN機器からの侵入が全体の54％を占めた（p.6）。

　ランサムウェアとしては，2017（平成29）年頃に猛威を振るった「WannaCry」（ワナクライ　泣きたくなるの意）が広く知られているが，他にも，最近の例として「Lockbit2.0」「PYSA」「Conti」「Revil」等さまざまな種類が確認されている。

　経済産業省は，2020（令和2）年12月，企業向けに「最近のサイバー攻撃の状況を踏まえた経営者への注意喚起」という文書を発出した。この中で，同省は，ランサムウェア被害に遭った場合の金銭の支払いについて，「攻撃者からの支払い要求に屈しているケースは少なくないとの報告は存在するが，こうした金銭の支払いは犯罪組織に対して支援を行っていることと同義であり，また，金銭を支払うことでデータ公開が止められたり，暗号化されたデータが復号されたりすることが保証されるわけではない。（中略）こうしたランサムウェア攻撃を助長しないようにするためにも，金銭の支払いは厳に慎むべきものである」（p.7）と，監督官庁として当然の姿勢を示している。しかし，同時に，「金銭の支払いに対する対応は，（中略）自社への信頼をどのように維持するか，また（中略）コンプライアンス上の問題にどう対応するか，ということであり，経営者が判断すべき経営問題そのものであるということを強く認識する必要がある」（同）とも述べ，やむを得ず金銭を支払う場合もあり得ることを含んだ上で，ランサムウェア攻撃への対応を経営者が経営問題そのものととらえて適切に行うよう促している。なお，身代金の支払い自体は，我が国の法制上，違法とはされていない。

図3-2　ランサムウェア「WannaCry」に感染した端末に表示される画面の例（日本語版，英語版）

出典：トレンドマイクロ社ウェブサイトに掲載のレポート「ランサムウェアの多様化が生んだ「WannaCry」」．

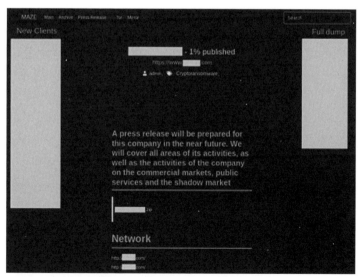

図3-3　攻撃者が設置した，窃取したデータ公開のためのウェブサイト（リークサイト）の例

▷上部に「1 % published」と書かれているが，実際に窃取した情報の一部であると主張している．

出典：情報処理推進機構（IPA）のウェブサイト

2　その他のコンピュータ・電磁的記録対象犯罪

　1987（昭和62）年，コンピュータ関連犯罪に対応するため，刑法に一連のコンピュータ・電磁的記録に関する罪が新たに規定された。電磁的記録不正作出・毀棄等，電子計算機損壊等業務妨害，電子計算機使用詐欺の各罪である。

　この1987（昭和62）年の法改正は，言うまでもなくインターネットが普及する前のものである。コンピュータは存在するが，今のように誰もがたやすく参加できるインターネットはまだなかった時代であった。この時点では他人のコンピュータに権限なくアクセスする行為は処罰の対象となっておらず，そのような行為は，第2章で述べたとおり1999（平成11）年，不正アクセス禁止法の制定によって措置された。

　また，2001（平成13）年の刑法改正で，電磁的記録不正作出・毀棄等に支払用カード電磁的記録不正作出等の罪が新しく加わった。

（1）電磁的記録不正作出・毀棄等

① 電磁的記録不正作出及び供用

　人の事務処理を誤らせる目的で，その事務処理の用に供する権利，義務また

は事実証明に関する電磁的記録を不正に作出すると，５年以下の懲役または50万円以下の罰金に処せられる（私電磁的記録不正作出〔刑法第161条の２第１項〕）。公務所または公務員により作られるべき電磁的記録である場合は，10年以下の懲役または100万円以下の罰金に処せられる（公電磁的記録不正作出〔第２項〕）。また，不正に作られた権利，義務または事実証明に関する電磁的記録を，人の事務処理を誤らせる目的で人の事務処理の用に供した者も，その電磁的記録を不正に作った者と同一の刑に処せられる（不正作出電磁的記録供用〔第３項〕）。供用は未遂も罰せられる（第４項）。

　これらはいずれも文書偽造等の罪の特殊類型である。

② 支払用カード電磁的記録不正作出等（2001〔平成13〕年改正）

　クレジットカードをはじめとする支払い用のカードや預貯金の引き出しに用いるキャッシュカードを構成する電磁的記録の不正作出，提供，あるいは不正作出された電磁的記録を構成部分とするカードの譲渡等を行うと，10年以下の懲役または100万円以下の罰金に処せられる（第163条の２）。

　これは有価証券偽造罪の特殊類型である。2000（平成12）年頃には，既に，クレジットカードのスキミング行為（カードの電磁的記録の部分を読み取って複製する行為）が問題となっていたため刑法改正により措置された。支払い用のカードにはクレジットカードの他にテレホンカードを含むプリペイドカード等が該当する。本罪の不正作出の対象は「カードを構成する電磁的記録」であるので，カード表面の印字などの体裁を改変する行為は対象外である（そうした行為は第162条の有価証券偽造等として立件可能か検討されることとなろう）。

③ 公用電磁的記録毀棄，私用電磁的記録毀棄

　公務所の用に供する電磁的記録を毀棄した者は，３月以上７年以下の懲役に処せられる（公用電磁的記録毀棄〔第258条〕）。また，権利または義務に関する他人の電磁的記録を毀棄した者は，５年以下の懲役に処せられる（私用電磁的記録毀棄〔第259条〕）。

①から③までの各犯罪を，電磁的記録不正作出・毀棄等として合計すると，2021（令和3）年の検挙件数は14件であった*。

＊警察庁「令和3年におけるサイバー空間をめぐる脅威の情勢等について」p. 34。

（2）電子計算機損壊等業務妨害

人の業務に使用するコンピュータやその用に供する電磁的記録を損壊し，もしくはコンピュータに虚偽の情報や不正な指令を与えるなどして，コンピュータに使用目的に沿うべき動作をさせず，または使用目的に反する動作をさせて，人の業務を妨害すると，電子計算機損壊等業務妨害となり，5年以下の懲役または100万円以下の罰金に処せられる（第234条の2）。

電子計算機損壊等業務妨害罪は，業務妨害罪（偽計業務妨害〔第233条〕，威力業務妨害〔第234条〕）の特殊類型であるが，業務妨害罪が法定刑を3年以下の懲役または50万円以下の罰金としているのと比較して法定刑が重く定められている。これは，電子計算機を対象とした業務妨害がより重大，広範囲な被害を生じさせる可能性があることなどを考慮したためである。また，第2項により未遂も罰せられる。

なお，電子計算機損壊等業務妨害事犯の中には，サイバー犯罪とは言い難い，電子計算機等を物理的に損壊し業務を妨害する事犯（ハンマーでコンピュータをぶち壊す，ドリルで記録媒体に穴をあけるなど）が含まれるので，警察ではサイバー犯罪の計上においてこうした事犯を除いている。

サイバー犯罪としての電子計算機損壊等業務妨害の2021（令和3）年の検挙件数は13件であった*。

＊警察庁「令和3年におけるサイバー空間をめぐる脅威の情勢等について」p. 34。

（3）電子計算機使用詐欺

人の事務処理に使用するコンピュータに虚偽の情報や不正な指令を与えて財産権の得喪・変更に係る不実の電磁的記録を作ったり，または，財産権の得喪・変更に係る虚偽の電磁的記録を人の事務処理の用に供して，財産上不法の利益を得たり他人に得させると，電子計算機使用詐欺となり，10年以下の懲役

トピック8　不正指令電磁的記録に関する罪と電子計算機損壊等業務妨害罪との関係

　例えば，教授のコンピュータをコンピュータウイルスに感染させ，学生の正しい評価・採点を妨害した場合はどういう刑罰が科せられるだろうか。不正指令電磁的記録に関する罪と電子計算機損壊等業務妨害罪は保護法益が異なり（前者はコンピュータのプログラムに対する社会の信頼の確保という社会的法益，後者は業務の円滑な遂行という個人的法益），それぞれ別の罪を構成する。犯罪行為が1個であるならば，両罪は観念的競合の関係となる＊。なお，刑法第2編の各条文は，概ね保護法益に応じた並び順になっており，不正指令電磁的記録に関する罪は第19章の2，電子計算機損壊等業務妨害罪は第35章と，大きく章を隔てて規定されている。

　＊観念的競合とは，1個の行為について複数の犯罪が成立する場合をいい，科刑上は一罪として扱われ最も重い刑に処せられる（刑法第54条第1項前段）。

に処せられる（第246条の2）。

　これは詐欺罪（第246条）の特殊類型である。刑法理論は，自然人のように欺罔（ぎもう）されて錯誤に陥り処分行為を行うことが考えられない「機械」に対する詐欺罪の成立を否定してきた。そこで1987（昭和62）年の刑法改正でコンピュータを欺く犯罪として本規定が新設された。だます相手が人間であれば詐欺罪，コンピュータであれば電子計算機使用詐欺罪となる。

　インターネットバンキングにおける他人のログインID・パスワードを用いた振込送金や盗んだクレジットカードを用いたオンラインでの物品購入（虚偽の情報），料金支払いをまぬかれるためのプログラムの改変（不正な指令），通話可能度数を改ざんした変造テレホンカードの公衆電話機への使用（虚偽電磁的記録の供用）などが該当する＊。

　2021（令和3）年の検挙件数は692件であった＊＊。

　＊電子決済システムに対する虚偽情報送信による不実の電磁的記録の作成が電子計算機使用詐欺に当たるとする判例がある。最高裁は，窃取したクレジットカードの名義人氏名・カード番号等の情報を，インターネットを介して，クレジットカード決済代行業者が使用する電子計算機に送信し電子マネーを購入した被告人の行為について，電子計算機に名義人本人が電子マネーの購入を申し込んだとする虚偽の情報を与え，名義人本人がこれを購入したとする財産権の得喪に係る不実の電磁的記録を作り，電子マネーの利用権を取得して財産上不法

の利益を得たものであるから，電子計算機使用詐欺罪に当たると判示した（最決平成18年２月14日裁判所ウェブサイト）。

**警察庁「令和３年におけるサイバー空間をめぐる脅威の情勢等について」p. 34。

電子計算機使用詐欺は，電子商取引の場面で登場することが多いので，電子商取引の章（第５章）でも取り上げる。

学習を深めるために

猛威を振るうランサムウェアについて，報道等をもとに被害実態を調べてみよう。また，有効な対策として何が考えられるだろうか，議論してみよう。

第 4 章

ネットワーク利用犯罪

　　本章では，ネットワーク利用犯罪について解説する。
　　ネットワーク利用犯罪は，「その実行に不可欠な手段として高度情報通信ネットワークを利用する犯罪」であり，態様は多岐にわたる。

　ネットワーク利用犯罪は，「その実行に不可欠な手段として高度情報通信ネットワークを利用する犯罪」であり，個別の犯罪を検挙した際に，その犯罪が，実行に不可欠な手段として高度情報通信ネットワークを利用していたかどうか

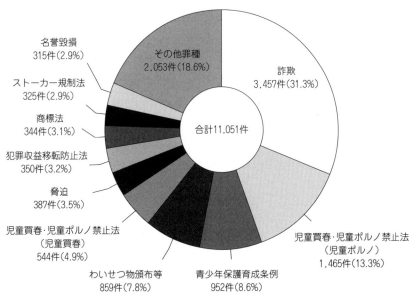

図 4 - 1　ネットワーク利用犯罪の検挙状況（2021〔令和 3〕年）
出典：警察庁「令和 3 年におけるサイバー空間をめぐる脅威の情勢等について」

について吟味し，該当するものがネットワーク利用犯罪すなわちサイバー犯罪として警察の統計に計上される。この点で，第2章及び第3章で解説した不正アクセス禁止法違反とコンピュータ・電磁的記録対象犯罪がいずれも自動的にサイバー犯罪とされるのと対照的である。

　以下では，ネットワーク利用犯罪の中で比較的検挙件数の多いものを中心に解説する。なお，このほか，詐欺，商標法違反等も比較的検挙件数の多いネットワーク利用犯罪であるが，これらは電子商取引の場面で登場することが多いので，電子商取引をめぐる犯罪の回で述べることとする。

1　わいせつ物頒布等

　インターネットを利用したわいせつ物の頒布等は，刑法第175条により罰せられる。すなわち，わいせつな文書，図画，電磁的記録に係る記録媒体その他の物を頒布したり公然と陳列したりすると，2年以下の懲役，250万円以下の罰金等に処せられる。電気通信の送信によりわいせつな電磁的記録その他の記録を頒布した者も同様である。また，有償頒布の目的で，わいせつ物を所持しまたは電磁的記録を保管した者も同様である。2021（令和3）年におけるサイバー犯罪としてのわいせつ物頒布等の検挙件数は859件であった*。

　わいせつとは，いたずらに性欲を興奮または刺激させ，かつ，普通人の正常な性的羞恥心を害し，善良な性的道義観念に反するものをいう**。

　　＊「令和3年におけるサイバー空間における脅威の情勢等について」p.34。
　　＊＊最判昭和26年5月10日最高裁判所刑事判例集，第5巻第6号，p.1026「サンデー娯楽事件」。

　この刑法第175条の規定は，2011（平成23）年の刑法改正により現行のものに改正された。改正前の第175条は，「わいせつな文書，図画その他の物を頒布し，販売し，又は公然と陳列した者は，2年以下の懲役又は250万円以下の罰金若しくは科料に処する。販売の目的でこれらを所持した者も，同様とする。」と規定されていた。このように，旧第175条は，頒布・公然陳列等の対象物を

「文書，図画その他の物」と規定しており，「物」すなわち有体物のみを対象とした規定になっていたため，インターネットを利用したわいせつな画像の頒布等に関して議論があった。

　例えば，サーバのハードディスク内にわいせつな画像を記録しインターネットを通じて不特定・多数の者に閲覧させた場合について，判例は，有体物であるハードディスクがわいせつ物であり，利用者が簡単な操作でわいせつな画像を閲覧できるとして，わいせつ物公然陳列罪の成立を認めていた*。このように，インターネットを通じて不特定・多数の者にわいせつな画像を閲覧させた場合は，改正前の刑法でも対応できると考えられていた。

　　＊最決平成13年7月16日裁判所ウェブサイト「アルファネット事件」。なお，ハードディスクがわいせつ物であるというのは少し違和感を覚えるが，誰もがわいせつ性を疑わない，わいせつな画像を収録したビデオやDVDも，その外観にはわいせつ性がないものの利用者がプレーヤーで再生するという簡単な操作でわいせつな画像を閲覧できるものである。ハードディスクに関してもこの類推により理解するとよいだろう。

　しかし，わいせつな画像を電子メールに添付して不特定・多数の者に送信する行為については，電子メールは有体物ではないので，ハードディスクの場合のように公然陳列罪にならず，添付画像も有体物でなくデータにすぎないので頒布罪にも当たらず，不可罰とせざるを得ないと考えられていた。そこで，こうした電子メールにより不特定・多数の者にわいせつ画像を送信する行為を処罰対象に含めるために，刑法改正により，電磁的記録も刑法第175条の罪に含まれることを文言上明確化するとともに，電気通信の送信による電磁的記録の頒布を処罰対象として明記した。また，「頒布」と「販売」が区別されていたが，これを「頒布」にし，「販売」は「有償頒布」という用語に変更された。これは，「販売」とは有償で譲渡する行為をいうとされており，わいせつなビデオやDVDを販売ではなく有料でレンタルする目的で所持する行為が販売目的所持に当たるかどうかという疑問が生じ得るので，これを解消するためであった。

2　児童ポルノ公然陳列

　児童ポルノを公然陳列した者は，5年以下の懲役もしくは500万円以下の罰金に処せられまたはこれらを併科される（児童買春・児童ポルノ禁止法第7条第6項）*。2021（令和3）年におけるサイバー犯罪としての児童買春・児童ポルノ禁止法違反（児童ポルノ）の検挙件数は1465件であった**。

　　＊児童買春・児童ポルノ禁止法は，正式名称を「児童買春，児童ポルノに係る行為等の規制及び処罰並びに児童の保護等に関する法律」という。援助交際や児童買春（とりわけ東南アジア諸国への児童買春ツアー）が社会問題となり，また，我が国で児童ポルノの製造や流通が野放しになっているとの国際的な批判にさらされる中で，1999（平成11）年に制定された。

　　＊＊「令和3年におけるサイバー空間における脅威の情勢等について」p. 34。

　同法第2条第3項が，以下のとおり児童ポルノを定義している。

3　この法律において児童ポルノとは，写真，電磁的記録に係る記録媒体その他の物であって，次の各号のいずれかに掲げる児童*の姿態を視覚により認識することができる方法により描写したものをいう。

一　児童を相手方とする又は児童による性交又は性交類似行為**に係る児童の姿態

二　他人が児童の性器等***を触る行為又は児童が他人の性器等を触る行為に係る児童の姿態であって性欲を興奮させ又は刺激するもの

三　衣服の全部又は一部を着けない児童の姿態であって，<u>殊更に児童の性的な部位（性器等若しくはその周辺部，臀部又は胸部をいう。）が露出され又は強調されているものであり，かつ，性欲を興奮させ又は刺激するもの。</u>

（下線は著者による）

　　＊児童とは，18歳に満たない者をいい（第2条第1項），「者」とは自然人を指すことから，創作物（マンガ・アニメ等）による実在しない児童の姿態

の描写は児童ポルノに該当しない。
＊＊「性交類似行為」とは，異性間の性交とその態様を同じくする状況下において，あるいは性交を模して行われる手淫・口淫・同性愛類似行為等をいうと解されている。
＊＊＊「性器等」とは，性器，肛門，乳首を指す（第2条第2項）。

　児童ポルノは，単純なわいせつ物ではなく児童の性的虐待の記録と考えられており，児童ポルノの製造，公然陳列，提供は虐待行為そのものと位置づけられる。したがって，児童ポルノ公然陳列罪等の保護法益は，まずは被写体とされた児童の保護である。個人的法益の保護を第一の目的とする点で，性道徳・性秩序の維持という社会的法益の保護を目的とするわいせつ表現の規制とは異なっている。
　児童買春・児童ポルノ禁止法は，2014（平成26）年に改正され，児童ポルノの定義が一層明確化された（第2条第3項第3号関係）。上記の下線部分の追加がそれに当たる。
　改正以前は，「性欲を興奮させ又は刺激するもの」との要件はあったものの，幼児が水浴びしたり相撲をとっている自然な姿を保護者が撮影した画像等も含まれる可能性があり規制範囲が広すぎるとの批判があったため，下線部分が追加された。これにより水浴び等の自然な姿は除かれることが明確化された。
　しかし，その一方で，「性欲を興奮させ又は刺激するもの」との要件については，特殊な性癖を有する幼児性愛者ではなく一般人を基準にするとされるが，一般人は児童の裸体に性的興奮・刺激を覚えることはないので，結局，該当するものがないということにならないかとの批判もある。さらには，上記の現行法の3類型には該当しない性的虐待の形態が現実にあり，現行法の定義が狭すぎるとの批判もある＊。例えば，服を着たまま体液を顔にかけられた児童の写真は現行法の対象外となっている。
　＊曽我部真裕「わいせつ表現，児童ポルノ」，曽我部真裕他『情報法概説　第2版』（弘文堂，2019年）pp. 276-277参照。

このように，児童ポルノは一般のわいせつ物に比べて多くの論点をはらんでいる。

3 児童買春

児童買春をした者は，5年以下の懲役または300万円以下の罰金に処せられる（児童買春・児童ポルノ禁止法第4条）。児童買春とは，18歳未満の者に対価を支払って性交等を行うことをいう（第2条）。

いわゆる出会い系サイトや一般のSNSを利用して児童と接触し児童買春に至った場合は，「その実行に不可欠な手段として高度情報通信ネットワークを利用する犯罪」との要件に該当するので，サイバー犯罪となる。なお，罰則の対象となる行為がいわば金銭ずくの交際に関するものなので，児童福祉法違反等に比べて罰則は比較的軽い。かつての「援助交際」，最近の「パパ活」，「神待ち」などという用語に見られるように，児童の側にも自発的に性交等の相手方となる意思があったと考えられるケースもある。2021（令和3）年におけるサイバー犯罪としての同法違反（児童買春）の検挙件数は544件であった＊。

＊「令和3年におけるサイバー空間における脅威の情勢等について」p. 34。

仮に，児童に対して上位者としての影響力を及ぼして性行為を行った場合には児童福祉法の「淫行をさせる行為」に該当する可能性があり，その場合は，同法第60条第1項により，10年以下の懲役もしくは300万円以下の罰金に処せられまたはこれらを併科される＊。

＊児童福祉法の淫行に該当するような行為としては，例えば，年齢を偽ってキャバクラ（社交飲食店）に勤務していた女子児童に対して欠勤・遅刻を理由に店内で男性客を相手にみだらな行為をさせた場合であるとか，モデル志望の女子高校生に対してミュージシャンを名乗って芸能関係者に紹介すると偽りみだらな行為をした場合などが考えられる。

トピック9　児童ポルノの単純所持は犯罪である

　児童買春・児童ポルノ禁止法は，2014（平成26）年に改正され，児童ポルノの単純所持罪（他人に提供する目的のない所持罪）が創設された。

　すなわち，同法第7条第1項に，自己の性的好奇心を満たす目的で，児童ポルノを所持し，または児童ポルノに係る電磁的記録を保管した者（自己の意思に基づいて所持または保管するに至った者であり，かつ，当該者であることが明らかに認められる者に限る）は，1年以下の懲役または100万円以下の罰金に処する，との罰則が新設された。一般のわいせつ物について刑法が有償頒布の目的で所持・保管する行為を処罰対象としているのとは対照的である。

　このような改正がなされたのは，それまでの児童ポルノの供給側を中心とした処罰だけでは児童ポルノを根絶することはできず，ユーザー側も処罰対象とすることが必要であると考えられたことによる。

　ただ，この罪については，改正法の施行日から1年間は適用しないと定められ，2015年（平成27）年7月15日から適用が開始されることとなった。これは，もし自己の性的好奇心を満たす目的で所持・保管している児童ポルノやこれに係る電磁的記録があるならば，定められた1年の間に適切に廃棄措置を講ずることができるよう猶予期間を設ける趣旨であった。

　いずれにせよ，現在においては，商売目的でなく，たとえ自分の楽しみのためであっても，児童ポルノを所持することは犯罪行為とされているのである。

4　青少年保護育成条例違反

　「東京都青少年の健全な育成に関する条例」のような都道府県の条例を「青少年保護育成条例」「青少年健全育成条例」などと呼び，こうした条例に，みだらな性行為の禁止規定が置かれている。

　東京都の条例の場合，「何人も，青少年とみだらな性交又は性交類似行為を行つてはならない。」（第18条の6）と規定し，違反には，2年以下の懲役または100万円以下の罰金が科される（第24条の3）。青少年とは18歳未満の者をいう（第2条）。

　警視庁*のウェブサイトでは，みだらな性交または性交類似行為について，「青少年を誘惑し，威迫し，欺罔し又は困惑させる等その心身の未成熟に乗じた不当な手段により行う性交又は性交類似行為のほか，青少年を単に自己の性

的欲望を満足させるための対象として扱っているとしか認められないような性交又は性交類似行為をいいます。なお，婚約中の青少年又はこれに準ずる真摯な交際関係にある場合は除かれます」と説明されている。

＊「警視庁」は東京都の警察及びその本部の名称である（国の行政機関である「警察庁」とは異なる組織である）。

出会い系サイトや一般のSNSを利用して18歳未満の者と接触してみだらな性交等を行った場合は，「その実行に不可欠な手段として高度情報通信ネットワークを利用する犯罪」であることからサイバー犯罪となる。

こうした条例は，すべての都道府県で罰則付きで措置されている。罰則については，東京都の条例のように2年以下の懲役等とするものが多いが，1年以下の懲役等としている府県もある＊。

2021（令和3）年におけるサイバー犯罪としての青少年保護育成条例違反の検挙件数は952件であった＊＊。

＊地方自治法第14条第3項により，条例での罰則の定めは，懲役が最長2年，罰金が最高100万円等とされている。
＊＊「令和3年におけるサイバー空間における脅威の情勢等について」p. 34。

5　出会い系サイト規制法違反

出会い系サイト規制法（インターネット異性紹介事業を利用して児童を誘引する行為の規制等に関する法律）は，いわゆる出会い系サイトを出会いの場とする児童買春などの犯罪から児童を保護することなどを目的とする法律であり，2003（平成15）年に制定された。

同法では，出会い系サイトの運営を，インターネット異性紹介事業（面識のない異性との交際を希望する者の求めに応じ，その異性交際に関する情報をインターネットを利用して公衆が閲覧することができる状態に置いて伝達し，かつ，当該情報の伝達を受けた異性交際希望者が電子メール等を利用して当該情報に係る異性交際希望者と相互に連絡することができるようにする役務を提供

> **トピック10　児童の性被害の実態**
>
> 　児童を対象とする性被害はどれほど発生しているのだろう。実態を正確に把握するのは容易ではないが，以下にこの点に関しての内閣府の調査結果を紹介する。
>
> 　内閣府男女共同参画局の「男女間における暴力に関する調査（2020〔令和2〕年度）」（調査対象は全国20歳以上の男女5000人）によると，無理やり性交等（性交，肛門性交，口腔性交）された経験があると答えた女性の割合は全年齢を通じて6.9%であった（p.70）。また，被害の時期については，中学生以下での被害が24.0%（小学校入学前8.8%，小学生の時11.2%，中学生の時4.0%）であった（複数の時期にまたがり被害を受けた場合は複数計上されている）（p.77）。この数字からみると，（掛け算して）全女性の最大約1.7%が中学卒業までに無理やり性交等される被害に遭っていることになる。しかも，被害女性の58.4%は被害を誰にも相談しなかった（p.80）。
>
> 　性被害を受けた子どもに対して，例えば，習いごとのコーチが「強くなるためにみんなしている」などと言いくるめたり，医療関係者が治療行為であるとだましたり，「お父さん，お母さんが悲しむから誰にも言ってはいけない」などと約束させて被害申告させないなどの悪質なケースもある＊。
>
> 　＊小笠原和美「性犯罪」，警察政策学会編『社会安全政策論』（立花書房，2018年）p.181参照。
>
> 　結局のところ，暗数を含む性被害の実態は計り知れないと言わざるを得ないのではないだろうか。

する事業のこと）と位置づけ，届出制としている。

　また，大人，児童の双方に対して，出会い系サイトにおける，児童を性交等の相手方となるよう誘引する行為，対償を示しての異性交際の相手方となるよう誘引する行為等を「禁止誘引行為」として禁止している（第6条）。違反すると100万円以下の罰金に処せられる（第33条）。

6　脅　迫　等

　メールや掲示板等で，特定の個人を対象に，生命，身体，自由，名誉または財産に対し危害を加える旨告知して脅迫した場合は脅迫罪が成立し，2年以下の懲役または30万円以下の罰金に処せられる（刑法第222条第1項）。

　2020（令和2）年のサイバー犯罪としての脅迫の検挙件数は408件であった。

同年の脅迫全体の検挙件数は3299件であるので，単純計算で12.4%がインターネット上での行為により脅迫罪に問われたこととなる*。こうした犯罪の多くは，インターネットの匿名性を悪用する形で行われている。

 *警察庁「令和2年におけるサイバー空間をめぐる脅威の情勢等について」p. 27
  及び「令和2年の犯罪」p. 1による。

 また，殺人・誘拐・爆破等の犯罪を予告する文章を掲示板に投稿するなどして，学校・店舗等の休業を余儀なくさせたような場合は，威力業務妨害罪に問われることとなろう（刑法第234条）。

 このほか，公然と事実を摘示して人の名誉を棄損すると，次項で述べるとおり名誉棄損罪となるが，事実を摘示しなくても公然と人を侮辱した場合は，侮辱罪に該当する（刑法第231条）*。

 *侮辱罪は，法定刑が拘留（30日未満）又は科料（1万円未満）で，公訴時効期
  間も1年であったが，インターネット上の誹謗中傷対策の一環として，同罪の
  法定刑に1年以下の懲役・禁錮と30万円以下の罰金を加えるとの内容を含む刑
  法等の一部改正案が2022（令和4）年の第208国会（常会）において成立した
  （当該改正分について施行済）。これに伴い同罪の公訴時効期間は3年となった。

7　名誉棄損

（1）禁止行為

 インターネット上における人の名誉を棄損するような悪質な表現は，犯罪として検挙に至る例はそれほど多くはないが，よく見聞きするものである。

 2020（令和2）年のサイバー犯罪としての名誉棄損の検挙件数は291件であった。同年の名誉棄損全体の検挙件数は629件であることから，単純計算で46.3%がインターネット上での名誉棄損で検挙されたことになる*。

 *警察庁「令和2年におけるサイバー空間をめぐる脅威の情勢等について」p. 27
  及び同「令和2年の犯罪」p. 3による。

　公然と事実を摘示し，人の名誉を毀損した者は，その事実の有無にかかわらず，3年以下の懲役もしくは禁錮または50万円以下の罰金に処せられる（刑法第230条第1項）。公然とは，不特定または多数人が知ることのできる状態に置くことであり，現実に不特定または多数人に知られる必要はない。インターネット上の掲示板等での表現は，公然と言える場合がほどんどと言ってよいであろう。事実を摘示するとは，真実または虚偽の具体的事実を摘示することであり，真実であっても名誉毀損罪は成立し得る。ただし，公共の利害に関する場合の特例がある（第230条の2）（後述）。名誉を毀損するとは，人の価値に対する社会的評価を低下させることであるが，現実に低下したことまでは必要なく，そのおそれで足りる。

（2）公共の利害に関する場合の特例

　インターネット上のものに限らず，表現行為は，発信者の尊厳という観点から尊重されるべきものである。また，とりわけ公共の利害に関連する発信は報道の自由にとって重要である。そこで，公共の利害に関する場合の特例が規定されている。すなわち，刑法第230条の2第1項は，事実を摘示する行為が公共の利害に関する事実に係るものであり，かつ，その目的が専ら公益を図ることにあったと認める場合には，事実の真否を判断し，真実であることの証明があったときは，これを罰しない旨規定している。公共の利害に関する事実とは，一般市民が関心を寄せるのが正当であると考えられる事項のことをいう。免責要件は，「公共性」「公益目的」「真実性」の3つであり，これらの要件が充足されれば，名誉毀損罪は不可罰となる。これを「真実性の抗弁」という。

　真実性に関しては行為者が挙証責任を負うが，真実性の証明がない場合でも，行為者がその事実を真実であると誤信し，その誤信したことについて，確実な資料・根拠に照らし相当の理由があるときは，犯罪の故意がなく，名誉毀損罪は成立しないものとされている*。これを「相当性の抗弁」という。例えば，捜査当局が誤った発表を行い，記者がこれに基づき結果的に誤った記事を書いた場合などは，誤信相当性が認められる可能性があると言えるだろう。

　＊最大判昭和44年6月25日，最高裁判所刑事判例集，第23巻7号，p.975。

なお，同条第2項により，公訴が提起されるに至っていない人の犯罪行為に関する事実は公共の利害に関する事実とみなすこととされている。また，第3項により，事実を摘示する行為が公務員や政治家に関する事実に係る場合には，真実であることの証明があったときはこれを罰しないとされている。公務員や政治家の場合は，本人にとってどんなに恥ずべき内容であっても，それが真実であるならば，その事実を摘示する行為は名誉棄損にならないのである。

（3）対抗言論の法理

　名誉棄損は，従来，新聞・雑誌やテレビ・ラジオ等のマスメディアによる発信を前提として論じられてきた。そこでは発信から受信はほぼ一方通行であった。実際に，ネット社会の到来以前は，個人が公然と情報発信することは非常に困難で，例えば道端でメガホンを用いて主張を展開したり，ビラ配りをすることなどが関の山であった。こうしたことから，名誉の保護の問題はマスメディアとこれに対抗する個人の関係で論じられることが多かった。

　しかし，インターネットの発達により情報の流れに大きな変化が生じている。例えば，電子掲示板への投稿は参加者が対等に行えるので，ある参加者の投稿によって別の者の名誉が毀損された場合，この被害者は自らその掲示板において十分に反論することが可能かもしれない。そうであれば，国家が介入する必要はないとの考えもあり得るところである。

　加害者・被害者の言論手段が対等であり，被害者に反論を要求しても不公平ではないときには国家は介入すべきでないという法理を「対抗言論の法理」という。

　対抗言論の法理に論を及ぼしたとみられる裁判例も存在する[*]。しかし，結論として，これらの裁判例からは，参加を許された会員だけが発言できるフォーラムのような場では対抗言論の法理が妥当する場合がある一方，公衆に開かれた匿名掲示板などでは，書き込みによって情報が拡散するとそれに対抗する言論を求めることは現実的でなく，同法理の妥当性は認められない，と整理できるだろう。すなわち，参加を許された者だけにより「電子会議室」的に運用されている場合を除き，通常のブログやSNSにおいて名誉棄損に該当する表

現を行った場合には，対抗言論の法理は妥当せず，名誉棄損罪に問われ得ると考えるべきであろう＊＊。

＊「ニフティサーブ「本と雑誌フォーラム」事件」（ただし民事事件〔損害賠償請求〕）の東京地裁判決は，パソコン通信サービス上のフォーラムの電子会議室において会員に対する侮辱的な書き込みがされた場合であっても，その会員が必要かつ十分な反論をしたときは，社会的評価が低下する危険性は消滅し，その書き込みは名誉毀損に当たらない旨判示した（東京地判平成13年8月27日，判例タイムズ，1086号，p. 181）。一方，「ラーメン・フランチャイズ事件」の最高裁決定では，インターネット上に載せた情報は，不特定多数のインターネット利用者が瞬時に閲覧可能であり，これによる名誉毀損の被害は時として深刻なものとなり得，一度損なわれた名誉回復は容易ではなく，インターネット上での反論によって十分にその回復が図られる保証があるわけでもない，などと指摘した（最決平成22年3月15日，裁判所ウェブサイト）。

＊＊ネット上での発信において留意すべき点等について第8章で触れる。

8　ストーカー行為

ストーカー規制法（ストーカー行為等の規制等に関する法律）（2000年〔平成12〕年施行）によって，つきまとい等に対して警察が行う禁止命令に違反してさらにつきまとった場合に成立する禁止命令等違反（間接罰）と，つきまとい等の反復によって成立するストーカー行為罪（直罰）との2つの類型が犯罪行為として規定されている＊。

＊直罰とは違法行為に対して即時に適用される罰則である。間接罰とは，違法行為に対して行政命令等を行い，それに違反する行為があった場合に，それを理由として適用される罰則である。

「つきまとい等」とは，特定の者に対する恋愛感情その他の好意の感情またはそれが満たされなかったことに対する怨恨の感情を充足する目的で，当該特定の者や親族等に対して行う，つきまとい，待ち伏せ，面会・交際の要求，無言電話等の行為である（第2条）。

　電子メールの繰り返し送信を規制対象とする法改正のきっかけとなった逗子ストーカー殺人事件と，SNSに関する同旨の法改正のきっかけとなった小金井ストーカー殺人未遂事件について紹介する。

（1）逗子ストーカー殺人事件（2012〔平成24〕年11月6日発生）

　神奈川県逗子市のアパートでデザイナーの女性（33）が刃物で刺殺された事件である。女性を刺殺した東京都在住の元交際相手の男（40）は事件後自殺した。

　被害女性と加害者の男は一時交際していたが，2006（平成18）年頃に女性側から別れ，女性は2008（平成20）年に別の男性と結婚し逗子市に居住を開始した。

　加害者の男は女性の新しい名字も住所も知らない状態にあったが，後に，女性によるフェイスブックへの投稿を発見し，その内容から女性の結婚の事実を知り，女性に対し嫌がらせメールを送り付けるようになった。

　メールは次第にエスカレートし，「刺し殺す」などの脅迫メールが大量に送りつけられた（合計1000通以上）ため，女性は警察に相談し，2011（平成23）年6月，加害者の男が脅迫罪で逮捕された。

　捜査員が脅迫罪の逮捕状を執行する際，逮捕状に記載された女性の結婚後の名字，転居先の市名などを加害者の前で読み上げた。加害者の男は，これにより初めて女性のフルネームと逗子市居住である事実を知ったと推測される。

　加害者の男は，同年9月，執行猶予付き有罪判決（保護観察付）を受けて釈放された。

　加害者の男は，2012（平成24）年11月初旬，ある探偵事務所を訪れ，女性のフルネームと逗子市居住の事実をもとに居場所を調べてほしいと依頼した。女性は自身の住民基本台帳の閲覧制限をかけていたが，11月5日，探偵事務所の関係者が，被害女性の親族になりすまして逗子市役所納税課に電話し，対応した職員から被害女性の住所を聞きだした（市役所職員に不要なコンピュータ操作をさせた偽計業務妨害容疑で逮捕）。

　女性の居場所を知った加害者の男は，翌6日，女性を殺害した上で自殺した。

　事件当時，電子メールの繰り返し送信はストーカー規制法のつきまとい行為ではなかった。

（2）小金井ストーカー殺人未遂事件（2016〔平成28〕年）5月21日発生）

　芸能活動を行っていた都内在住の大学生の女性（20）が，ファンを自称する男（27）に，女性が出演予定であった小金井市内のライブハウスの入るビルの入り口で刃物で刺され重体となった事件である。

　加害者の男は，女性のツイッターなどのSNS上で執拗に投稿を繰り返しており，

女性は事件の約3週間前にこの男からのツイッターへの投稿を拒絶していた。男は，投稿できなくなったことから不満を爆発させたとみられている。犯人の男は懲役14年6月に処せられた（確定）。

事件当時，既にストーカー規制法で電子メールの繰り返し送信はつきまとい行為に追加されていたが，ブログやツイッターといったSNSへの書き込みは電子メールとの解釈はなされず，規制対象外であった。

　つきまとい等を反復して行うとストーカー行為となり，直罰の対象となる（一部のつきまとい行為については，相手方の身体の安全を害したり行動の自由が害される不安を覚えさせるような方法により反復して行われる場合にのみストーカー行為となる）。

　2013（平成25）年の同法改正により，繰り返し電子メール（Eメール，SMS等）を送信することがつきまとい行為に含まれることとなり，さらに，2016（平成28）年の改正で，SNSによる同様の行為（相手方が開設しているブログへの書き込み，相手方のSNSのマイページへのコメントの書き込み等）もその対象となった。電子メールやSNSによるものなど，インターネットを利用したストーカー行為は，「サイバーストーキング」と呼ばれることがある。

　2021（令和3）年におけるサイバー犯罪としてのストーカー規制法違反の検挙件数は325件であった*。実際に警察が摘発するストーカー事案においては，犯行の態様に応じて，ストーカー規制法違反だけでなく，刑法（暴行，傷害，脅迫，住居侵入，器物損壊，強制わいせつ等）やその他の特別法（銃刀法，迷惑防止条例等）に規定するさまざまな罪種が適用されている。

　＊「令和3年におけるサイバー空間における脅威の情勢等について」p. 34。

9　リベンジポルノ

　リベンジポルノ防止法（私事性的画像記録の提供等による被害の防止に関する法律）は，撮影した他人の裸や性的な画像を了解なくインターネット等で流出させる行為を禁止している（2014〔平成26〕年施行）。

　インターネットやスマートフォンの普及に伴って，画像情報等の不特定・多

数の者への拡散が容易になったが，もし撮影対象者の性交等に係る姿態の画像（私事性的画像）が当該撮影対象者の同意のないままインターネット等を通じて公表されると，長期にわたり精神的苦痛を受けてしまうこととなる。こうした性的画像の拡散行為は，元配偶者や元交際相手が交際中に撮影した画像を対象として仕返しのために行うことがあるので，リベンジポルノと呼ばれている。

リベンジポルノ防止法により，第三者が撮影対象者を特定することができる方法で，電気通信回線を通じて私事性的画像記録を不特定または多数の者に提供等すると，3年以下の懲役または50万円以下の罰金に処せられる。

警察では，リベンジポルノに関する事案について，同法制定以前は，児童ポルノ公然陳列（被害者が18歳未満の場合），わいせつ物公然陳列（被害者が18歳以上の場合），名誉毀損等で立件していたが，性器が写っていないためにわいせつ物として立件できなかったり，名誉毀損罪であれば人の価値に対する社会的評価の低下を立証することが難しいなどの課題があった。

これに対し，リベンジポルノ防止法では，「第三者が撮影対象者を特定することができる方法で」，電気通信回線を通じて私事性的画像記録を不特定または多数の者に提供したことを立証すればよいこととなった。リベンジ目的であることは要件とされていない。なお，私事性的画像記録には，撮影対象者が第三者が閲覧することを認識した上で任意に撮影を承諾または撮影をしたものは含まれない（第2条）。

リベンジポルノ防止法のもう一つの意義としては，プロバイダ責任制限法の特例を定め，私事性的画像記録の削除に当たり，プロバイダの責任制限要件である発信者に対する同意照会の回答期間を7日から2日に短縮し，速やかな削除を可能にしたこと（第4条）が挙げられる*。

　＊プロバイダ責任制限法に関しては，第7章で解説する。

10　ネットいじめ

いじめは，一般に犯罪に当たらないものが多く，したがってサイバー犯罪でもない。もっとも，いじめによって相手にけがをさせたり，やりたくないこと

を無理やりやらせたりした場合は，罪に問われることもある（傷害罪，強要罪など）。

スマートフォン向け無料通話アプリや学校裏サイト＊など，友人との間で交流のために用いられるツールやサイトは，今の時代の子どもたちにとって学校や公園に匹敵する「遊び場」となっている。一方で，それらを舞台としたネットいじめも無視できない問題となっている。

＊学校裏サイトとは，学校の正式なサイトとは別に，児童・生徒が利用することを想定して開設された学校に関する非公式のサイトをいう。匿名で書き込めるため，特定の児童・生徒を中傷する内容が書き込まれることがあり，ネットいじめの温床と言われることもある。

2013（平成25）年に制定されたいじめ防止対策推進法では，いじめとは，児童・生徒に対して，当該児童等と同じ学校に在籍しているなど，当該児童等と一定の人的関係にある他の児童等が行う心理的または物理的な影響を与える行為（インターネットを通じて行われるものを含む。）であって，当該行為の対象となった児童等が心身の苦痛を感じているものであるとしている（第2条）。

また，第19条では，高度の流通性や匿名性といったインターネットを通じて配信される情報の特性を踏まえつつ，児童・生徒や保護者に対する啓発活動等，インターネットを通じて行われるいじめに対する対策の推進が規定されている。文部科学省の「令和2年度　児童生徒の問題行動・不登校等生徒指導上の諸課題に関する調査」では，「パソコンや携帯電話等で，ひぼう・中傷や嫌なことをされる」との回答は2020（令和2）年度で1万8870件で，いじめ全体（認知件数51万7163件）に占める割合は3.6％であった。

なお，同法第23条第6項では，いじめが犯罪行為として取り扱われるべきものであると認めるときは，学校は警察と連携していじめに対処すること，また，学校に在籍する児童等の生命，身体または財産に重大な被害が生じるおそれがあるときは直ちに警察署に通報し，援助を求めなければならないことが定められている。

いじめ防止対策推進法の規定を受けての，いじめに対する警察の立場につい

て付言しておくと，警察としては，教育上の配慮等の観点から，一義的には教育現場における対応を尊重するという姿勢をとりつつも，犯罪行為がある場合には，被害少年及びその保護者等の意向や学校における対応状況等を踏まえながら，警察としても必要な対応を行う，という考え方をとっている。

学習を深めるために

　本章で扱ったさまざまなネットワーク利用犯罪のうち，今の自分や親しい人にとって身近なものを挙げるとするとはどれだろうか。そのような犯罪の被害を受けたり，万が一にも加害者になったりしないためにはどのようなことに気をつければいいだろうか。

第5章

電子商取引をめぐる犯罪　その1

　本章と次章では，電子商取引をめぐるさまざまな犯罪について取り上げる。本章では，そのうち，インターネットを悪用した詐欺罪等，電子商取引において直接的な金銭的被害をもたらす犯罪を解説する。

1　電子商取引（eコマース）とは

　「電子商取引」（eコマース）に法律上の定義はないが，一般に，インターネットその他のコンピュータ・ネットワークを利用して商品やサービスの売買をしたり，資金やデータを送信したりする経済行為のことをいう＊。

　　＊木村真生子「電子商取引と契約」，松井茂記他編『インターネット法』（有斐閣，
　　2015年）p.168参照。

　電子商取引の前提となるのがインターネットの利用である。『令和3年版情報通信白書』（総務省）によると，13歳から59歳までの各階層で9割以上がインターネットを利用しているほか，60歳代で約83％，70歳代で約60％，80歳以上でも約26％が利用している。また，所属世帯の年収別インターネット利用率は，400万円以上の各階層で8割を超えているほか，年金生活者が多く含まれるとみられる世帯年収200万円未満の階層でも約6割が利用している。つまり，今や，年齢や収入にあまり関係なく，非常に多くの個人がスマートフォン，パソコン等によってインターネットにアクセスしており，電子商取引は日常的に利用可能という状況にある。

　電子商取引は，ショッピングサイトやネットオークションサイトでの商品等

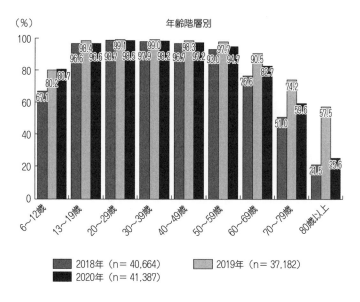

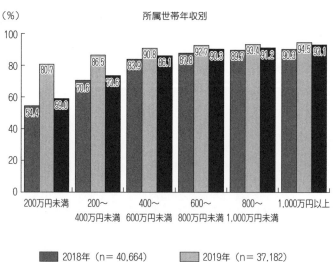

図 5-1　属性別インターネット利用率

出典：『令和 3 年版　情報通信白書』

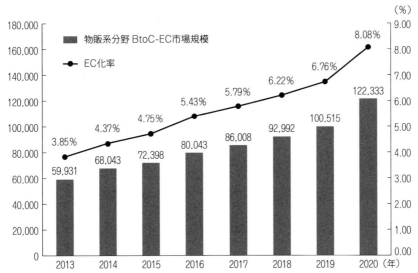

図5-2 物販系分野のB to C-EC市場規模及びEC化率の経年推移（単位：億円）

出典：経済産業省「令和2年度 産業経済研究委託事業（電子商取引に関する市場調査）報告」

の売買やインターネットバンキングによる資金の移動など，国民生活に広く浸透している。

　経済産業省の「令和2年度 産業経済研究委託事業（電子商取引に関する市場調査）報告」によると，2020（令和2）年の我が国における物販系分野のB to C-EC市場（消費者向け電子商取引〔Business to Consumer〕のEC市場）の規模は12兆2333億円に上り，B to C市場に占めるBtoC-EC市場の割合，すなわちEC化率は8.08％であった。図5-2のとおり，物販系分野のB to C-EC市場規模及びEC化率は，いずれも年々上昇がみられている。

　B to C-EC市場に加えて，C to C-EC市場（個人間の電子商取引〔Consumer to Consumer〕のEC市場）も急拡大しており，経済産業省では，令和2年（2020年）における我が国のC to C-EC市場の規模を1兆9586億円と推計している＊。前年からの伸び率は12.5％に達する。個人間の電子商取引は，主にフリマサービスとネットオークションの2つに分けられる。両者には価格の決定方法に違いがあり，フリマの場合は商品価格を出品者が決定し，ネットオークションでは購入者の落札価格による。

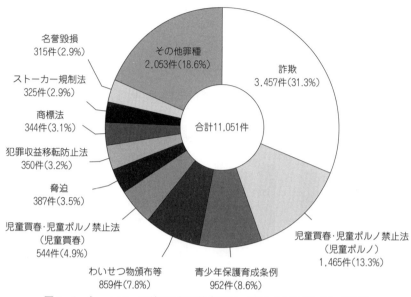

名誉毀損
315件(2.9%)

ストーカー規制法
325件(2.9%)

商標法
344件(3.1%)

犯罪収益移転防止法
350件(3.2%)

脅迫
387件(3.5%)

児童買春・児童ポルノ禁止法
（児童買春）
544件(4.9%)

わいせつ物頒布等
859件(7.8%)

その他罪種
2,053件(18.6%)

詐欺
3,457件(31.3%)

合計11,051件

児童買春・児童ポルノ禁止法
（児童ポルノ）
1,465件(13.3%)

青少年保護育成条例
952件(8.6%)

図5-3　ネットワーク利用犯罪の検挙状況（2021〔令和3〕年）（再掲）
出典：警察庁「令和3年におけるサイバー空間をめぐる脅威の情勢等について」

　　＊EC市場でないC to C市場，すなわち個人が対面などにより行う商取引の市場
　　は，それほど規模があるとは思われない。経済産業省はCtoC市場のEC化率
　　という概念を提示していない。

　このように電子商取引の市場は年々拡大しているが，電子商取引の負の側面
として，IT技術を有する犯罪者にとっては，匿名性を保ったまま，居ながら
にして利益を得ることができる「ローリスク，ハイリターン」の犯罪ビジネス
が展開できることが挙げられるだろう。2021（令和3）年におけるネットワー
ク利用犯罪の検挙件数（図5-3）をみても，詐欺が3457件で31.3％を占めてお
り，その対策は大きな課題となっている。

2　インターネットを悪用した詐欺罪等

　一般に，商取引においては多少の駆け引きがあり得るが，そうであるがゆえ

に詐欺的行為や脅迫的行為が入り込む余地もあり，そのような行為の抑止と取引者の保護は重要な課題である。特にインターネット空間においては，ネットリテラシーが低く，かつ，商取引に慣れていないIT弱者と言われる人たちも多数参加するため，個人の財産の保護に加え，ネット空間の秩序維持という観点からも，詐欺罪を適用すべき事案にきちんと適用することが重要である。以下では，詐欺に該当すると思われる行為を中心にいくつかの例を解説する。

（1）インターネット上の架空請求詐欺

　架空請求詐欺は，いわばインターネット版の振り込め詐欺である。典型例として，アダルト無料サイトなどの閲覧中にポップアップ画面が現れ，「会員登録完了」と称して登録料等の名目で金銭の支払いを請求してくるものがある。ポップアップ画面がパソコン画面からなかなか消えない仕組みになっている。

　このような場合，基本的には無視して差支えない。画面上，「個人特定登録情報」などと称して，「利用者のIPアドレス」「プロバイダー名」「使用しているOS」などの項目が表示されることがあるが，いずれも通信の相手方が当然に取得できるものに過ぎず，そこから個人を特定することは捜査機関ででもない限り不可能である。慌てて自分から相手に連絡すると，個人情報を入手されるなど相手の術中にはまる危険がある。

　ただし，画像を消すには，ブラウザを閉じるだけで，あるいはウイルス対策ソフトを走らせるだけでよいこともあるが，パソコンの初期化等の措置が必要となることもある。

　サイバー犯罪には当たらないが，図5-4のように，はがきによる架空請求詐欺もよくみられる手口であり，引っかからないための注意が必要である*。

　　*裁判所等を名乗る郵便物が本物かどうかを見分けることができるかについて，法務省ウェブページ「督促手続・少額訴訟Q&A」では，以下のような説明をしている（著者が要約）。
　　1　裁判所から「支払督促」や「少額訴訟の呼出状」が送られる場合には「特別送達」という特別な郵便により送付される。「特別送達」には，次のような特徴があり，本当の通知かどうか見分けることができる。

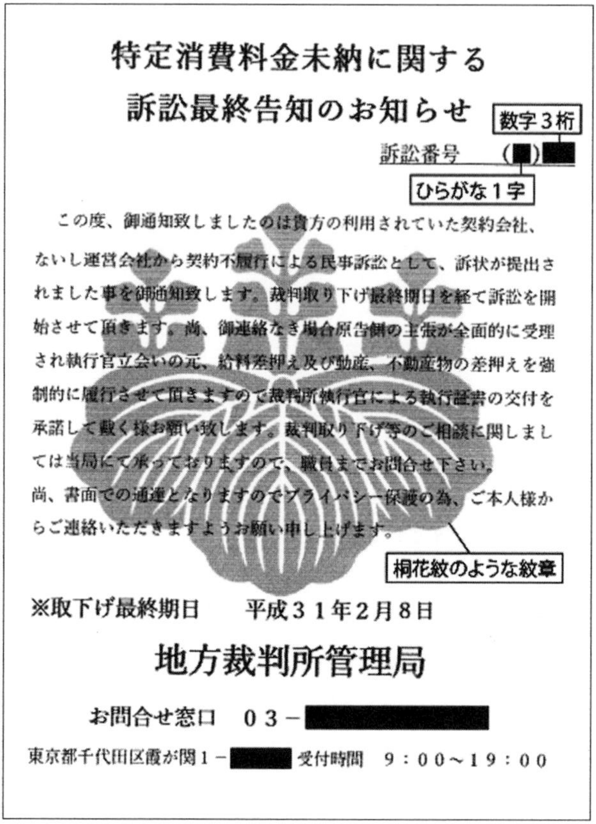

特定消費料金未納に関する訴訟最終告知のお知らせ

数字３桁

訴訟番号　（[redacted]）[redacted]

ひらがな１字

この度、御通知致しましたのは貴方の利用されていた契約会社、ないし運営会社から契約不履行による民事訴訟として、訴状が提出されました事を御通知致します。裁判取り下げ最終期日を経て訴訟を開始させて頂きます。尚、御連絡なき場合原告側の主張が全面的に受理され執行官立会いの元、給料差押え及び動産、不動産物の差押えを強制的に履行させて頂きますので裁判所執行官による執行証書の交付を承諾して戴く様お願い致します。裁判取り下げ等のご相談に関しましては当局にて承っておりますので、職員までお問合せ下さい。

尚、書面での通達となりますのでプライバシー保護の為、ご本人様からご連絡いただきますようお願い申し上げます。

桐花紋のような紋章

※取下げ最終期日　　平成３１年２月８日

地方裁判所管理局

お問合せ窓口　０３－[redacted]

東京都千代田区霞が関１－[redacted]　受付時間　９：００～１９：００

図５－４　裁判所を名乗る架空請求

出典：国民生活センターのウェブサイト

・「特別送達」と記載された裁判所の名前入りの封書で送付されてくる（はがきや普通郵便で送付されてくることはない）

・郵便職員が名宛人に手渡すのが原則で，郵便受けに投げ込まれることはない

・裁判所で付した「支払督促」や「少額訴訟の呼出状」の「事件番号」「事件名」が記載されている

2　本当の「支払督促」に，金銭を振り込む預金口座が記載されることはない。なお，名目のいかんを問わず，裁判所から「お金を振り込むように」という連絡が来ることもない。

3　発送元や連絡先が本当の裁判所であるかどうかについては，電話帳や消費生

活センターなどで確認できる。裁判所の管轄地域・連絡先については，最高裁判所のホームページでも確認することができる。

（2）ワンクリック詐欺

　ワンクリック詐欺は，閲覧中のサイトや送付されたメールに記載されているURL 等をクリックすると「ご入会ありがとうございます」などのポップアップ画面が現れ，あたかも契約したことにされてしまい，登録料等の名目で金銭の支払いを求められる形態の詐欺である。クリックという自分の行為が介在しているため，そのことにより契約が成立したと誤信させ代金の支払に応じさせようという手口である。このようなメールやコンピュータ画面の表示をクリックしても契約は成立しないので，代金請求の根拠はなく，無視するのが最善である。

（3）インターネットオークション詐欺

　インターネットオークション詐欺は，インターネットオークションで売る意思がないのに商品の出品を装い買い手をだまして売買代金を振り込ませる詐欺である。ネットでは，現物を確認して取引することができないという性質上，トラブルが起こりやすい。多くの場合，犯人は代金が振り込まれるまでは落札者への応対を迅速・丁寧に行うが，入金以後は連絡がとれなくなってしまう。

　我が国で初めてインターネットオークションサイトが設置されたのは1999（平成11）年頃と言われている。その後，2002（平成14）年には古物営業法が改正され，インターネットオークション業者を「古物競りあっせん業」として規制の対象とし，業者に営業届出義務，盗品等の申告義務，出品者の確認の努力義務等を課すこととなった。

　また，インターネットオークションでの取引の安全性を高めるため，一部のインターネットオークション業者は代金支払い管理サービスを採用している。このサービスでは，落札者は業者に代金を支払い，この代金は，落札者が出品者から商品を受け取り受け取った旨の連絡を業者に行った後，業者から出品者に支払われる。インターネットオークション詐欺を防ぐ有効な手段である*。

＊このような取引の安全を確保する仲介サービスをエスクロー（escrow）サービスという。

（4）アフィリエイト広告とステルスマーケティング

　B to C-EC市場で重要な役割を果たしているのは広告である。アフィリエイト広告とは，インターネットの成果報酬型の広告であり，広告作成は主に副業目的の個人400万〜500万人が担いその市場規模は3000億円とも報じられている＊。

　＊産経新聞「ネット虚偽広告，実態調査　消費者庁，規制強化に活用」（2020〔令和2〕年12月21日）。

　一方で虚偽広告，誇大広告といった不正も多く指摘されている。広告作成者はアフィリエイターと呼ばれ，仲介会社（ASP：アフィリエイト・サービス・プロバイダ）に登録し，広告主の商品を自分のブログ記事などで宣伝する。サイトには商品購入サイトへのリンクを付けてあり，消費者がそこをクリックして購入すれば成果となって，仲介会社経由で報酬を得る仕組みである。このほか，広告がクリックされることによって報酬が得られるクリック報酬型もある。

　一般に，広告の内容が実際のものよりも著しく優良または有利であると一般消費者に誤認される場合は，景品表示法（不当景品及び不当表示防止法）の不当な表示禁止規定（第5条）に該当し得るが，対象となるのは「事業者が自己の供給する商品」に関して行う場合のみで第三者であるアフィリエイターの広告は規制対象外とされている＊。

　＊広告の対象が医薬品に該当する場合は，医薬品医療機器等法の誇大広告等の禁止規定（第66条）に抵触する可能性がある。「何人も」規制であるためアフィリエイターの広告も対象となる。

　アフィリエイト広告においては競合するアフィリエイターが多く，これを本業とするのは極めて困難であるだけでなく，副業と呼べる程度の収入を得ることも容易ではない。そのため，少しでも収入を増やしたいとの動機から，虚偽

> **トピック12　新型コロナウイルス感染症に関連するサイバー犯罪**
>
> 　警察庁は，2020（令和 2 ）年中に新型コロナウイルス感染症に関連するサイバー犯
> 罪が疑われる事案が887件確認されたと発表した。その約半数が詐欺であり，「インタ
> ーネットのショッピングサイトでマスクを注文して指定された口座にお金を振り込ん
> だが商品の発送日を過ぎても出品者から連絡がなく商品も届かない」などの事案であ
> った＊。
> 　＊「令和 2 年におけるサイバー空間をめぐる脅威の情勢等について」p. 8 参照。

広告，誇大広告といったトラブルが生じやすい。それだけでなく，アフィリエ
イターが，自分のブログ等へのアクセスそのものを増やすための工夫として，
人目を引くような情報（例えば，世間を騒がせている事件の容疑者の実家の所
在に関する情報）を真偽の確認も行わずに掲載することもあり得る。こうなる
と，名誉棄損，業務妨害等の罪に問われることになりかねない。

　一方，ステルスマーケティング（ステマ）とは，企業から金銭を受け取りな
がら中立的な立場を装って良い口コミや良い評価を行う行為であり，「ヤラセ
行為」「サクラ行為」と言える。この手法が，敵のレーダーに察知されにくい
ステルス戦闘機に似たものであるとして，ステルスマーケティングと呼ばれて
いる。ステマ行為自体を禁止する法律はないが，口コミ等の内容が実際よりも
著しく優良または有利であると一般消費者に誤認される内容である場合には，
大きな批判を引き起こしやすい。特に，一般人に対する影響力の強い芸能人そ
の他の有名人がステマ行為を行い，これが暴露されることで評判を落とす例も
みられる。

3　インターネット通販の法的規制等

　インターネット通販は，通信販売の一種であり特定商取引法（特定商取引に
関する法律）の規制を受ける＊。
　　＊通信販売は，消費者が自主的に契約を選択して申し込むものであり，「不意打
　　　ち性」がなく購入の自主性が尊重されているとして，訪問販売，電話勧誘販売
　　　等に適用されるクーリングオフ制度（一定期間内に限り無条件の契約解除を認

トピック13　インターネット上の取引で被害を避けるには

　インターネット上の取引で詐欺等の被害を避けるためには，まずは取引が自己責任であることを自覚することが重要である。そのうえで，例えば次の諸点に留意するのが望ましい。

・意図していないサイトに転送されていないか URL を確認する（特にトップレベルドメインが見慣れないもの（.top，.xyz 等）でないか）
・ショッピングサイトに事業者の名称，住所，電話番号，代表者または責任者氏名等が記載されているか（特定商取引法による表示義務）確認する
・暗号化通信がされているか（https://〜）確認する（なお，https は通信の暗号化を意味するが，そのサイトが詐欺サイトでないことを担保するものではない）
・商品説明の欄等に機械翻訳したような不自然な日本語がないか注意する
・正規の価格に比べて極端に安くないか確認する
・「在庫あり」とする商品が，他のどこのショップでも売り切れの商品（2020〔令和2〕年）前半のマスクなど）ではないか確認する
・オークション出品者の名前と振込先口座の名義が同じかどうか確認する
・取引相手の過去の取引記録や，他のユーザーの評価を参考にする
・取引相手の振込先の口座がトラブル口座リストに載っていないか確認する
・取引時の画面，やり取りしたメール，相手の口座番号，振込記録等の取引相手に

図5-5　ヤフオク！のトラブル口座リスト

出典：ヤフージャパンのウェブサイト

　関する情報は保存しておく
・おかしいと思ったら迷わず消費生活センターや警察に相談する

める制度）は適用されない。しかしながら，販売業者が独自に一定期間内の返品を可としている場合が多い。

　特定商取引法の規定により，以下のような諸項目を，通信販売の広告に表示しなければならないとされている（特定商取引法第11条及び同法施行規則）。
- 販売価格（送料についても表示が必要）
- 代金の支払い時期，方法
- 商品の引渡時期
- 返品の可否とその期間
- 販売業者の氏名（名称），住所，電話番号
- ネット通販の場合は，販売業者等代表者または通信販売に関する業務の責任者の氏名
- 電子メールで広告するときは電子メールアドレス
など

　経済産業省は「電子商取引及び情報財取引等に関する準則（最終改訂令和2年8月）」を公表している。この準則は，電子商取引等に関するさまざまな法的問題点について，民法をはじめ，関係する法律がどのように適用されるのかを明らかにすることにより，取引当事者の予見可能性を高め，取引の円滑化に資することを目的として策定されたものである。学識経験者，関係省庁等の協力を得て現行法の解釈についての考え方を提示することにより，電子商取引等をめぐる法解釈の指針として機能することが期待されている。準則は約400ページからなる大部なもので，先に述べたワンクリック詐欺など，さまざまな具体的状況における論点と考え方を示している。

4 ビジネスメール詐欺 (BEC：Business E-mail Compromise)

　ビジネスメール詐欺とは，巧妙なだましの手口を駆使した偽の電子メールを組織や企業に送り付け，従業員をだまして送金取引に係る資金を詐取する形態の犯罪である。

　犯行に先立ち，攻撃者が送信するメールの信憑性を高めるために，業務用のメールを不正アクセス行為等により入手したり，ネット上で公開されている企業情報，さらには社長等幹部職員の SNS での発信情報などをもとに，ターゲットとする企業で進められているプロジェクトや人間関係を把握するなど，周到な準備を行う*。

　　＊「サプライチェーンセキュリティ」あるいはサプライチェーンの弱点を突く
　　　「サプライチェーン攻撃」という概念がある。企業は取引関係で互いに深く結
　　　び付いているが，部品を供給する中小企業等においてセキュリティ対策が遅れ
　　　ていることがある。サプライチェーン攻撃は，そうしたセキュリティの甘いと
　　　ころを狙うことによって，例えばそこからターゲットとする会社とやり取りし
　　　たメールを盗むなどし，取引状況等を把握してビジネスメール詐欺等の犯罪に
　　　つなげていくという手法である。

　このように，ビジネスメール詐欺を成功させるためには標的組織の内部事情に関する知識が必要となるが，特別な攻撃ツールは必要なく技術的知識は最低限で済む。メール自体には不審な URL が記載されているわけでも不審なファイルが添付されているわけでもないため，ウイルス対策ソフトでは検知できない。このため犯罪者の間でよく利用される手法と言われる。

　ビジネスメール詐欺の手口には，取引先になりすますパターンと自社の経営幹部になりすますパターンがよく知られている。

【取引先になりすますパターン】

　企業の取引先を装って偽の請求書を添付したり，振込先の変更を依頼するメールをターゲットの企業の従業員に送りつけたりして，犯人が管理している口

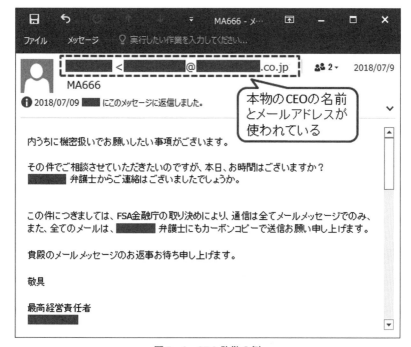

図5-6　CEO詐欺の例
▷情報処理推進機構（IPA）が，情報提供を受けた実際の詐欺メールとして公開したメール。
このメールに担当者が返信したところ，約５分後，さらに「国際送金の必要がある」という
メールが送られてきたという。
出典：IPAのウェブサイト

座に送金させる手口である。犯人はターゲットの企業と取引先とのメールのや
り取りを入手して取引の進行を確認し，振込が発生するタイミングでなりすま
しメールを送信するなどの工夫をこらす。正規のメールであるかのように，署
名以下の部分にこれまでの正規のやり取りのメールを貼り付けるなどの細工を
施すこともある。2017（平成29）年12月，国内大手航空会社が，この手口によ
り約３億8000万円の被害に遭ったと発表した。
【経営幹部になりすますパターン】
　最高経営責任者（CEO）や経営幹部になりすまして送金の指示メールを経
理担当者などに送信する手口である。「CEO詐欺」とも呼ばれており，「緊急」
や「極秘」といった文言を使って機密の用件であることを伝え，早急かつ極秘

に送金するように圧力をかけてくることがある。

5　有料 SNS・出会い系サイトでのトラブル

　有料 SNS や出会い系サイトをめぐっては，サイト業者に雇われた「サクラ」が芸能人になりすますなどして消費者の気持ちを揺さぶってサイトに誘導し，有料メール交換のためのポイントを購入させてやり取りを積み重ね，結果的に多額の料金を支払わせるといった手口の商法が知られている。例えば，タレントを自称する者とサイトで交流を持ったところ，「事務所を通さず直接，別サイトでやりとりしよう」と持ちかけられて，以後，そのサイト上で有料メールのやり取りをし，結果的に，その代金が数百万円に上ってしまったといった事案である。

　インターネット上では何者にでもなりすませるという特徴を悪用した詐欺の手口である。

6　電子計算機使用詐欺

　電子計算機使用詐欺は，人の事務処理に使用するコンピュータに虚偽の情報もしくは不正な指令を与えて財産上不法の利益を得る行為であり，詐欺罪と同じく10年以下の懲役に処せられる（刑法第246条の2）。

　インターネットバンキングに係る不正送金について，第2章の不正アクセスの項で説明したが，これはフィッシング等によって預金者の ID・パスワードを不正に入手したうえで，当該預金者になりすまして預金口座から別途用意しておいた口座に不正送金する行為である。不正アクセス禁止法違反に加え，不正送金について電子計算機使用詐欺罪が成立する。

トピック14　Ｅスキミング

　他人のクレジットカードを利用して電子決済システムに対する虚偽情報送信を行うためには，クレジットカード情報を入手する必要がある。犯人はどうやってクレジットカード情報を入手するのだろうか。

　かつてのクレジットカード犯罪は，カードの磁気テープ部分に記録された情報を読み出すためにカードリーダーを用いて物理的なスキミングを行い，得た情報をもとにカードそのものを偽造する手口が多かった。例えば，飲食店で客が飲食代をカードで支払いする際に，カードを預かった店員が正規の支払い手続きを行う一方，ポケットに忍ばせたスキミング用のカードリーダー（スキマー）に通して情報を盗み，当該情報をもとにカードを偽造する手口である。

　最近は，こうした手口に代わってＥスキミングと呼ばれる手口でカード情報を入手する例が目立っている。カードそのものを偽造するのではなく，ネット上でのクレジットカード決済に必要なカード番号，名義，有効期限等の情報を盗み取り，これらの情報をもとにネット上で物品等を購入するのである。

　典型例を紹介すると，まず，正規のｅコマースサイトを改ざんしておき，ユーザーがこのサイトで商品購入を行おうとした際，カード情報を入力する偽画面（正規の決済画面によく似せて作られている）を表示させ，偽画面上でユーザーに入力させた情報を盗む。その後，エラーメッセージを表示させるなどした後，ユーザーを正規の決済画面に遷移させる。これは，ユーザーからみると，２度にわたりカード情報を入力させられる不自然さはあるものの，正規サイトでの商品購入が行われ，カード決済が完了する流れであるので，被害に気づきづらい*。

　　*日本サイバー犯罪対策センターのウェブサイト「クレジットカード情報窃取の手口に注意」（2019.07.12）を参考にした。

　こうした犯罪の防止には，ｅコマースサイト側でサイトを改ざんされない対策を取

図 5-7　カード情報を盗む偽画面の流れ
出典：日本サイバー犯罪対策センターのウェブサイト

ることが肝要であるが，加えて，利用者においてクレジットカードの利用履歴をこまめに確認することも大切である。

学習を深めるために

　本章で取り上げたような電子商取引をめぐる犯罪やトラブルに巻き込まれた人は，あなたの近くにいないだろうか。改めて，被害を防ぐにはどうしたらいいかを自分のこととして考えてみよう。

第6章

電子商取引をめぐる犯罪　その2

　本章では，前章に続き電子商取引をめぐるさまざまな犯罪を取り上げ
る。商品の虚偽表示等，迷惑メール，著作権法違反について解説する。

1　商品の虚偽表示等

　前章で述べたように，電子商取引では，商品の現物を手に取って確認できな
いという特質があるので，商品の虚偽表示・不当表示は起こりやすい形態の不
正である。全く虚偽の表示をして消費者から代金をだまし取るような極端な例
ばかりでなく，だますとまでは言えないにしろ，誇大な広告等がよくみられて
いる。

　商品に関する虚偽表示・不当表示は，各種法律で規制されている。

（1）不正競争防止法

　不正競争防止法によって，以下のような行為が不正競争とされている。不正
の目的をもってこれらを行った場合は，下記の①から④までのいずれにも5年
以下の懲役または500万円以下の罰金が科せられる。

① 混同惹起行為

　混同惹起行為は，他人の商品等表示（人の業務に係る氏名，商号，商標，標
章，商品の容器もしくは包装その他の商品または営業を表示するもの）として
需要者の間に広く認識されているものと同一もしくは類似の商品等表示を使用
し，またはその商品等表示を使用した商品を提供するなどして，他人の商品ま

たは営業と混同を生じさせる行為である（第2条第1項第1号）。

② 著名表示冒用行為

著名表示冒用行為は，自己の商品等表示として他人の著名な商品等表示と同一もしくは類似のものを使用し，またはその商品等表示を使用した商品を提供等する行為である（第2条第1項第2号）。第1号の「需要者の間に広く認識されている（周知）」よりも一段と広く知られていて誰でも知っているような「著名」な商品等表示が対象であり，混同を生じさせるとの要件は必要とされない。

③ 商品形態模倣行為

商品形態模倣行為は，他人の商品の形態（当該商品の機能を確保するために不可欠な形態*を除く。）を模倣した商品を譲渡等する行為である（第2条第1項第3号）。

* 「商品の機能を確保するために不可欠な形態」とは，その形態をとらない限り商品として成立し得ず市場に参入することができない形態をいう。例えば，パソコンとプリンターの間の接続用コードのプラグの形態は，プラグの商品の機能を確保するために不可欠なものであり，この部分を模倣しても不正競争には当たらない。

④ 誤認惹起行為

誤認惹起行為は，商品やその取引に用いる書類等に，原産地，品質，製造方法，数量等について誤認させるような表示をしたり，その表示をした商品を譲渡等する行為である（第2条第1項第20号）。

（2）商 標 法

「商標」とは，人の知覚によって認識することができるもののうち，文字，図形，記号，立体的形状もしくは色彩またはこれらの結合，音その他であり，商品の生産者や役務の提供者等が，それらの商品や役務について使用するもの

> トピック15　不正競争防止法の「商品等表示」と商標法の「商標」の規制の違い
>
> 　不正競争防止法の場合，保護されるのは既に信用を獲得した表示であり，一方，商標法の場合，登録がないと保護されないが，いったん登録した商標は未使用であっても保護される（登録後，一定期間使用しないと，不使用取消審判という手続きにより登録が取り消されることはある）。また，不正競争防止法では，保護を求めるためには，当該表示を自己の商品等表示として使用しており，かつ，周知または著名であることを立証しなければならないが，商標権については登録で公示されているので，周知または著名であることを立証する必要がない。こうしたことから，一般的には，商標権を有しておらず商標の侵害が成立しない場合に不正競争防止法が補完する役割を有している，と言ってよいだろう。

である（第 2 条第 1 号）。

　商標権は，設定を登録することで効力を発し（第18条），同法によって保護されることとなる。商標権を侵害すると，10年以下の懲役もしくは1000万円以下の罰金に処し，またはこれを併科される。

（3）虚偽表示等に関するその他の規制

　不正競争防止法，商標法のほか，景品表示法（第 5 章のアフィリエイト広告を参照），特定商取引法，医薬品医療機器等法にも，虚偽表示・不当表示に関連する規定が置かれ，それぞれ規制がなされている（特定商取引法第12条（虚偽・誇大広告の禁止），医薬品医療機器法等第66条（医薬品等の誇大広告禁止））。

2　迷惑メール

　電子商取引を論じるに当たり，避けられない課題がいわゆる迷惑メールである＊。迷惑メールの割合は低下しつつあるものの，全メールの 4 割は迷惑メールと言われている。

　　＊ここで迷惑メールとは，特定電子メール法（後述）の規定に違反しているメール（同意のない者への送信，送信者情報の表示義務違反等）をいう。

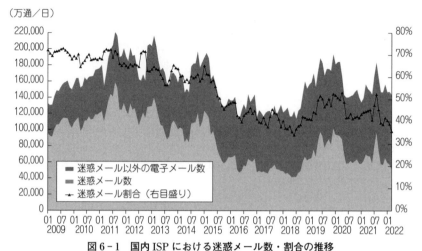

（万通／日）

図 6 - 1　国内 ISP における迷惑メール数・割合の推移
出典：総務省「電気通信事業者10社の全受信メール数と迷惑メール数の割合（2022年 3 月末）」

（1）特定電子メール法と特定商取引法による規制

　迷惑メールは，特定電子メール法と特定商取引法の 2 つの法律によって規制がなされている。

① 特定電子メール法（特定電子メール送信の適正化等に関する法律）

　特定電子メール法においては，一時に多数の者に対してされる送信による電子メールの送受信の支障を防止すること（送信規制）を目的に，自己または他人の営業につき広告または宣伝を行うための手段として送信する電子メール（特定電子メール）を規制対象としている。同意のない者への特定電子メールの送信や送信者情報を偽った送信の禁止等を規定し，送信者情報を偽った送信は直罰，その他は措置命令に違反した場合に罰則が科される。規制対象となるメールには SMS も含まれる。

② 特定商取引法

　特定商取引法では，消費者保護と取引の適正化（広告規制）を目的として，通信販売の広告手段としての電子メールを規制対象としている。こうした通信

販売のための広告メールについて承諾のない者への送信禁止等を規定し，違反には直罰が科される。規制対象となるメールには SMS も含まれる。

　このように，規制対象となる電子メールのとらえ方は，両法律において，送受信の支障の防止（送信規制）と消費者保護・取引の適正化（広告規制）というように異なっている。しかし，実際に送信されてくる迷惑メールの多くには，2つの法律がいずれも適用されると考えてよいだろう。なお，SNS での情報提供は，直ちに広告・宣伝メールに該当せず，両法律の規制対象外となっている。

（2）オプトアウト規制からオプトイン規制へ

　特定電子メール法は2002（平成14）年に制定され，その際，既に存在していた特定商取引法も改正されて2つの法律による迷惑メール規制が開始された。しかし，その後も迷惑メールの送信が減少しなかったことから，両法律はともに2008（平成20）年に改正された。

　この改正の際に，迷惑メール規制の考え方が大きく変化した。すなわち，両法律とも，それまでのオプトアウト（opt-out）規制に代わって，オプトイン（opt-in）規制が採用された。オプトアウト規制では，メールの送信は自由であり受信したくない者は受信拒否の通知を行う。したがって，受信者が拒否の意思表示をしなければ業者はメールを送信することができる。

　これに対し，オプトイン規制では，広告や宣伝を目的とするメールの送信を

図6-2　オプトアウトとオプトイン
出典：一般財団法人インターネット協会のウェブサイト「オプトイン，オプトアウトって何ですか？」

トピック16　デフォルト・オンはオプトイン規制に違反しない

　特定商取引法第12条の３第４項では，通信販売電子メール広告を行うときは，「相手方が通信販売電子メール広告の提供を受けない旨の意思を表示するために必要な事項」を表示しなければならない旨を定めている。

　オプトイン規制に移行した現在でも不要なメールが相変わらず送信されてくることが多いが，その理由のひとつかもしれないのが「デフォルト・オン」である。デフォルト・オンでは，広告メールの送信を希望する旨にあらかじめチェックが付されていて，消費者が送信を希望しない場合にはチェックを外すことになる。

　消費者庁・経済産業省「電子メール広告をすることの承諾・請求の取得等に係る

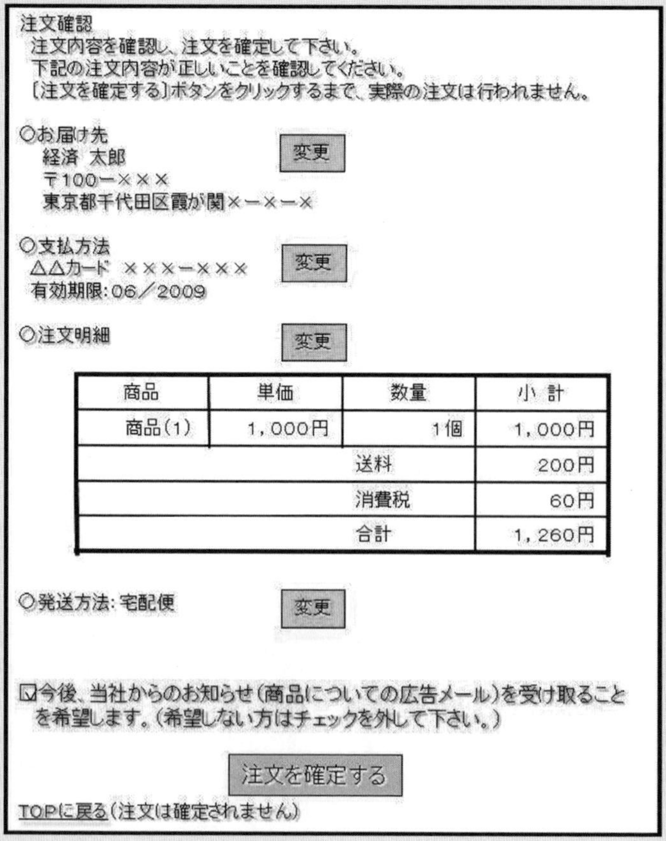

注文確認
　注文内容を確認し、注文を確定して下さい。
　下記の注文内容が正しいことを確認してください。
　〔注文を確定する〕ボタンをクリックするまで、実際の注文は行われません。

○お届け先
　経済 太郎　　　　　　［変更］
　〒100−×××
　東京都千代田区霞が関×−×−×

○支払方法
　△△カード　×××−×××　［変更］
　有効期限:06／2009

○注文明細　　　　　　　［変更］

商品	単価	数量	小　計
商品(1)	1,000円	1個	1,000円
		送料	200円
		消費税	60円
		合計	1,260円

○発送方法: 宅配便　　　［変更］

☑今後、当社からのお知らせ（商品についての広告メール）を受け取ることを希望します。（希望しない方はチェックを外して下さい。）

［注文を確定する］

TOPに戻る(注文は確定されません)

図6-3　デフォルト・オン方式の例示

出典：消費者庁・経済産業省のウェブサイト

「容易に認識できるよう表示していないこと」に係るガイドライン」（令和 3 年 6 月29
日付）では，消費者が商品を購入したショッピングサイト等において販売業者が消費
者に対して広告メールをすることについての承諾を得る場合に，こうしたデフォル
ト・オン方式を用いることを認めている。ただし，デフォルト・オンの表示が，画面
の中で消費者が認識しやすいように明示（例えば，全体が白色系の画面であれば，赤
字（対面色）で表示）され，かつ，最終的な申込みにあたるボタンに近接したところ
に表示されていることが必要とも付言している（p. 2）。図 6 - 3 はその例として示さ
れているものである（p. 4）。

トピック17　スパムメールという呼び名について

　英語で迷惑メールを「スパムメール　spam mail」と呼ぶことがあるが，これは，
英国のテレビコメディが由来と言われている。同コメディで，メニューにスパム（ソ
ーセージの材料を袋状に詰めるのではなく型に詰めたもの）入りの料理しかないレス
トランで，スパムをスパム嫌いの人に強要するシーンがあり，ここから望まないもの
を大量に押し付けることをスパムと呼ぶようになったと言われている。英語圏では，
缶詰商品を SPAM，迷惑メールのスパムを spam と書き分けるのが一般的とされて
いる。

承諾あるいは請求した者にだけ行うことが許され，承諾あるいは請求がない者
に対するメールの送信が禁止される（特定電子メール法第 3 条，特定商取引法第
12条の 3 ，第12条の 4 ）。

　改正前のオプトアウト規制では，メールの件名に「未承諾広告」といった表
示をし，受信者が必要に応じ受信拒否できるよう連絡先の表示をすれば，誰に
対してもダイレクトメールを送り付けることが可能であった。しかし，迷惑メ
ールを送り付ける事業者に対して，受信拒否の意思表示をすること自体，その
メールアドレスが現に利用されていることを相手に伝えることになってしまう
など，オプトアウト規制は迷惑メールの規制として適切とは言い難いものであ
った。

3　著作権法違反

　著作権法違反は，摘発にいたる事例はそれほど多くないが，おそらくインタ

ーネット空間において非常に多く発生している犯罪の一つである。

　2020（令和2）年のサイバー犯罪としての著作権法違反の検挙件数は363件であった。同年の著作権法違反全体の検挙件数は417件であるので，単純計算で87.0%がインターネット上での行為により同法違反に問われたことになる＊。

　　＊警察庁「令和2年におけるサイバー空間をめぐる脅威の情勢等について」p.27及び同「令和2年の犯罪」p.355による。

（1）著作物・著作権とは

　著作物とは，思想または感情を創作的に表現したものであつて，文芸，学術，美術または音楽の範囲に属するものをいう（著作権法第2条第1号）。

　著作権法第10条は，著作物を「小説，脚本，論文，音楽，舞踊，絵画，建築，地図，映画，写真，プログラムなど」と例示している。一方で，時事の報道，プログラム言語やアルゴリズム，創作的でない機械的模写，表現前のアイデア，文芸の範囲に達しない工業製品などは著作物に該当しない。

　著作権は，著作物が製作されたときに当然に発生し，登録等の手続きは必要ない。

　著作権は「権利の束」（第21条から第28条）と言われている。すなわち，演奏権，複製権（コピーすること），公衆送信権（インターネットでの配信等）など，利用方法ごとに「○○権」と権利が定められており，それぞれの権利に関して，利用の都度，著作者の許諾が必要となっている。そのため，「著作権は権利の束である」と言われ，それぞれの権利のことを「支分権」と言う＊。

　　＊このような財産権としての権利を「著作権」と言うが，より広く「著作者人格権」（公表権，氏名表示権等）を含めた著作者の有する権利全体や「著作隣接権」（歌手などの実演家の権利，放送事業者の権利等）まで含めて「広義の著作権」ということもある。

（2）複製権と公衆送信権

　インターネットの関連で特に重要なのが，複製権と公衆送信権である。著作者は，その著作物を複製する権利を専有しており（第21条），また，その著作

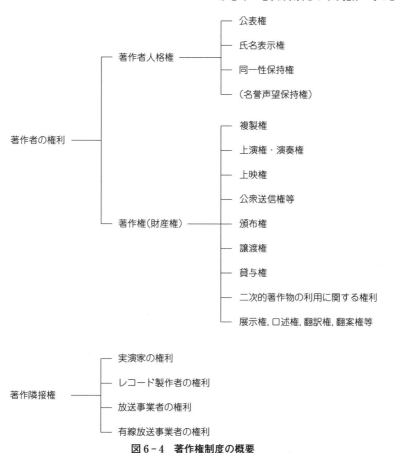

図 6-4　**著作権制度の概要**

物について，公衆送信（自動公衆送信の場合にあっては，送信可能化を含む。）を行う権利を専有している（第23条）。公衆送信とは，公衆によって直接受信されることを目的として無線通信または有線電気通信の送信を行うこと（放送，有線放送等）である。自動公衆送信とは，公衆送信のうち，公衆からの求めに応じ自動的に行うものであり，送信可能化とは，いわゆるアップロード行為をさす。条文にあるとおり，自動公衆送信の場合の送信可能化も公衆送信権に含まれる。

　著作者が著作物をアップロードする（送信可能化）と，サーバに著作物が複

製される。そして，ユーザーからのリクエストを受けてサーバが自動的に情報を送り出すのだが，このことは，法的には著作者が自動公衆送信を行っているものと評価される。著作者は，このように，自分の作品のアップロードについて複製権と公衆送信権の二つの権利を行使することができる。

（3）著作権等侵害罪

著作権，出版権（著作権者がその著作物を出版することを引き受ける者に対して付与する，当該著作物の独占的な複製・販売の権利），著作隣接権を侵害した者は10年以下の懲役または1000万円以下の罰金に処せられる（第119条第1項）。

サイバー犯罪の観点から典型的な侵害行為を例示すると，他人の作品をネット上の掲示板へ掲出する行為，他人の動画作品をネットワークに対してアップロードする行為等が該当する。有償無償を問わない。なお，本罪は親告罪である（権利者からの告訴がなければ公訴を提起できない）＊。

＊一定の悪質な行為に関しては，非親告罪化されている（第123条第2項）。
　サイバー犯罪には直ちに該当しないが，他の例として，他人の著作物である音楽を無断でCD-R等にコピーして公衆に販売する行為は，複製権と譲渡権の侵害となり，告訴がなされれば刑事罰が科され得る。

直接に著作権等を侵害する行為でなくても実質的に侵害する行為はみなし侵害罪として処罰される（第113条，第119条第2項第3号等）。著作権侵害行為によって作成された物を，その事情を知りながら頒布する行為などが該当する。

また，民事的には，著作権を侵害された著作権者は侵害行為の差し止め請求（第112条第1項）を行うことができる。このほか民法第709条に基づく損害賠償請求も可能である。

このように，他人の著作物の掲出等は，犯罪行為であるとともに民事的責任も問われることになる。

（4）著作権の制限

　著作物を利用するためには，著作権者による許諾が必要（第63条）である。しかし，著作権の制度は，このように著作権者の権利を保護する一方，創作された著作物が鑑賞され有効に活用されるように，著作物の利用の自由にも配慮されている。これが「著作権の制限」（権利を及ばなくすること）の制度であり，私的使用のための複製をはじめとするいくつかの利用は，許可なくとも可能とされている（第30条以下）。

　例えば，個人的にまたは家庭内で使用（私的使用）するために，その使用する者が著作物を複製（インターネットでのダウンロードも該当）することができる（私的使用のための複製（第30条））。

　しかし，

　　① 公衆の使用に供することを目的として設置されている自動複製機器を用いて複製するとき（同条第1項第1号）＊

　　② 技術的保護手段（コピープロテクション）の回避により可能となった複製を，その事実を知りながら行うとき（第2号）

　　③ 著作権等を侵害する自動公衆送信を受信して行うデジタル方式の録音または録画を，その事実（著作権等を侵害する自動公衆送信であるという事実）を知りながら行うとき（第3号）

は，この例外規定は適用されない。

　　＊著作権法附則第5条の2により，第30条の適用において，当分の間，自動複製機器には，専ら文書・図画の複製に供するものを含まないものとされている。

　つまり，公衆の使用に供するコピー機（CD，DVD のダビング機など）を用いて著作物を複製することは権利侵害となるが，自家用といえる範囲で，かつ，コピープロテクションを施されていない対象をパソコン等を用いて複製したりダウンロードするなどして楽しむことは可能である。したがって，例えば，CD に録音されている音楽を自分のスマートフォンにコピーして聴くことは許容される。このような私的使用のための複製の対象は，著作権を侵害するコンテンツであってもかまわない。ただし，著作権を侵害するコンテンツを，侵害

しているという事実を知りながら録音または録画することはできないとされているので注意が必要である。

　私的使用のための複製（第30条）の他にも，図書館・学校での複製（第31条，第35条），引用（第32条），営利目的でない上演（第38条），裁判手続きの資料として必要な複製（第42条）なども著作権の制限の対象とされ，いずれも許可なく著作物を利用できる。

（5）違法ダウンロード罪

　コンテンツの違法ダウンロードは，2009（平成21）年の著作権法改正で違法化され，2012（平成24）年の改正で罰則が科されることとなった。

　私的使用の目的であっても，有償著作物等（録音・録画された著作物または実演等であって，有償で公衆に提供・提示されているもの）の場合には，著作権等を侵害する自動公衆送信を受信して行うデジタル方式の録音または録画を，その事実を知りながら行った場合，違法ダウンロード罪となる。違反すると2年以下の懲役または200万円以下の罰金が科せられる（第119条第3項）。本罪は親告罪である。

　では，YouTube などの動画投稿サイトに存在する違法な動画を閲覧するのは違法ダウンロード罪に該当するのだろうか。この点に関して，「違法ダウンロードの刑事罰化についてのQ＆A」（文化庁，平成24年7月24日）は以下のように説明している。

Q：違法に配信されている音楽や映像を視聴するだけで，違法となるのでしょうか。

A：違法に配信されている音楽や映像を見たり聞いたりするだけでは，録音又は録画が伴いませんので，違法ではなく，刑罰の対象とはなりません。
　違法となるのは，私的使用の目的であっても，著作権又は著作隣接権を侵害する自動公衆送信を受信して行うデジタル方式の録音又は録画を，自らその事実を知りながら行って著作権又は著作隣接権を侵害する行為です。

Q：「You Tube」などの動画投稿サイトの閲覧についても，その際にキャッシュ

が作成されるため，違法となるのですか。
A：違法ではなく，刑罰の対象とはなりません。動画投稿サイトにおいては，デ
　ータをダウンロードしながら再生するという仕組みのものがあり，この場合，
　動画の閲覧に際して，複製（録音又は録画）が伴うことになります。しかしな
　がら，このような複製（キャッシュ）に関しては，（中略）著作権侵害には該
　当せず，「著作権又は著作隣接権を侵害した」という要件を満たしません。

　上記Q＆Aに明記されているとおり，違法に配信されている音楽や映像であ
っても，見たり聞いたりするだけでは違法ではない。また，その際，音楽・映
像のデータはパソコン内で一時的に蓄積される（キャッシュ）が，これは，視
聴の過程で自動的に生じるもので，動画などの大きなデータを途切れることな
くスムーズに再生するために必要なことである。こうしたキャッシュの作成は
あくまでもパソコン等でデータを効率的に処理するために行うもので，違法と
はならない。別の言い方をすると，「ストリーミング再生」するのであれば，
違法に配信されている音楽や映像であっても録音・録画を伴わないので違法で
はない，ということになる。

（6）著作権法の改正

　著作権を侵害する音楽と映像については違法ダウンロード罪により対処され
ることとなったが，これら以外にも，漫画，写真集，ゲームなど幅広い分野で
海賊版の被害が確認される状態が続いていた。特に，海賊版のいわゆる漫画ビ
ューサイトによって漫画の被害の拡大が深刻な問題となった。そこで，こうし
たインターネット上の海賊版対策を強化するため，2020（令和 2）年，著作権
法が改正された。その概要は以下のとおりである。

① リーチサイト対策（2020〔令和 2〕年10月 1 日施行）

　違法にアップロードされた著作物（侵害コンテンツ）へのリンク情報を集約
したウェブサイトをリーチサイトという。著作権法改正により，リーチサイト
を運営する行為と，リーチサイト等において侵害コンテンツへのリンクを掲載

する行為等を，著作権等を侵害する行為とみなし，民事上・刑事上の責任を問い得るようにした。このように，リーチサイトに関して，サイト運営行為とリンク提供行為の両方を規制することとされた。

② 侵害コンテンツのダウンロードの違法化（2021〔令和〕3年1月1日施行）

　違法にアップロードされたものだと知りながら侵害コンテンツをダウンロードすることについて，一定の要件の下で私的使用目的であっても違法とし，さらに悪質な場合には刑事罰の対象にもされることとなった。規制の対象はこれまでの音楽・映像から著作物全般（漫画・書籍・論文・コンピュータプログラムなど）に拡大された。

　ただし，国民の情報収集等を過度に萎縮させないよう，規制対象を，違法にアップロードされたことを知りながらダウンロードする場合のみとするとともに，(1)漫画の1コマないし数コマなど「軽微なもの」や，(2)二次創作・パロディ，(3)「著作権者の利益を不当に害しないと認められる特別な事情がある場合」のダウンロードは規制対象外とされた。なお，違法にアップロードされたものと知らなかったことが「重過失」（重大な過失。通常人の払うべき注意義務を著しく欠くこと）による場合であっても，規制対象とはならない。

　さらに，刑事罰については，特に悪質な行為に限定する観点から，正規版が

図6-5　海賊版対策を訴えるウェブ画像
出典：出版広報センター・ウェブサイト「深刻な海賊版の被害」

有償で提供されている著作物を，反復・継続してダウンロードを行う場合を対象とすることとされた＊。

　　＊本文中の(1)により，例えば，スクリーンショットを行う際の違法画像等の写り込みについては違法とはならない（ツイッターのアイコンキャラなど）。なお，音楽・映像の違法ダウンロードに関する規律は，法改正の影響を受けず，従来どおりとされている（文化庁「著作権法及びプログラムの著作物に係る登録の特例に関する法律の一部を改正する法律（説明資料）」p. 13参照）。

学習を深めるために

　迷惑メールを一層減らしていくためにどんなことが必要だろうか。
　著作権法の規定に基づき，ネットでのアップロード・ダウンロードにおいて，してよいことと，してはいけないことをよく整理してみよう。

第 7 章

違法コンテンツに対応する組織と法制

> インターネット上には，わいせつ図画等の違法情報や，犯罪を誘発しかねないなど放置し得ない有害情報が多数存在するほか，匿名性に隠れて人を誹謗中傷するような悪質な書き込み等も見られる。本章では，こうした違法コンテンツ等に対応するための組織や法制度について説明する。

インターネット上には，わいせつ図画，児童ポルノ，規制薬物の販売に関する情報等ウェブサイトに掲載すること自体が違法となる違法情報や，違法情報には該当しないものの，犯罪を誘発しかねないなど放置し得ない有害情報*が多数存在する。

> ＊有害情報の例としては，爆発物の製造方法や運転免許証の偽造方法に関する情報，殺人の請負・仲介に関する情報，人を自殺に誘引する情報，死体の画像，著しく暴力的な表現等が挙げられる。

1　インターネット・ホットラインセンター（IHC）

（1）インターネット・ホットラインセンター（IHC）とは

インターネット・ホットラインセンター（IHC）は，警察庁から委託を受けて，インターネット上の違法情報に関する情報を収集し，警察への通報，サイト管理者への削除依頼等を行う民間団体である。2006（平成18）年に発足した。

IHCでは，広くインターネット利用者の協力を得て違法情報に関する情報を収集している。その上で，収集した情報に関して主として以下のような業務を行っている。

① 警察への情報提供

インターネット上における流通が刑罰法規に違反する疑いがあると IHC が判断する情報，特定の犯罪に関連する情報（法禁制品の販売に関する情報等）その他の犯罪関連情報，自殺関連情報等について，警察に情報提供する。

② プロバイダや電子掲示板の管理者等に対する対応依頼

違法情報のうち一定の範囲の情報について，プロバイダや電子掲示板の管理者等に対して削除等の対応を依頼する。

③ 関係機関等への情報提供等

他の機関・団体において処理することが適当なものについて，専門的な対応を行っている関係機関・団体へ情報提供する。

④ フィルタリング事業者に対する情報提供

受信側による情報のフィルタリング*による違法・有害情報対策に資するため，IHC において集積した違法・有害情報のデータベースについて，定期的にフィルタリング事業者に対し情報提供する。

＊フィルタリングについては，本章の青少年インターネット環境整備法（第4節）で解説する。

（2）IHC の活動状況

警察庁では，IHC に対し，2006（平成18）年の発足以来，違法情報・有害情報の双方を対象としてインターネット・ホットライン業務を委託してきた。その後，直ちに違法とは言えない有害情報については官民の役割分担明確化の観点から民間による自主的対応に委ねることとし，2016（平成28）年度以降，委託の範囲を「通報の受理」及び「違法情報の処理」に限定することとした。しかし，その後，2017（平成29）年10月に発覚した神奈川県座間市における9人殺害事件*を受け，有害情報のうち人を自殺に誘引する情報については，あらためて国の委託の範囲とすることとした。この新しい業務については2018（平成30）年1月より IHC による対応が開始されている。

＊自殺願望のあった若い女性たちを SNS で「一緒に死のう」などと呼び掛けて

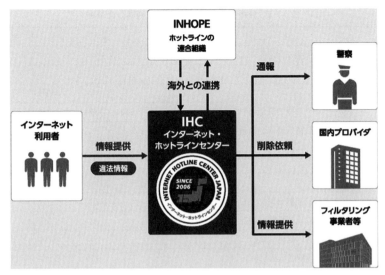

図 7-1　IHC の役割

▷図中，INHOPE とあるのは，各国のホットラインの相互連絡組織である。現在の名称は International Association of Internet Hotlines だが，欧州各国の連絡組織として発足した当時の Internet Hotline Providers in Europe Association の略称を現在も用いている。2019（平成31）年 1 月現在，我が国の IHC を含め47か国・地域の52団体が加盟している（『令和 3 年版 警察白書』p. 22）。

出典：IHC のウェブサイト

誘い出し，次々に殺害した事件。

　IHC が対象とする違法情報の範囲は，インターネット上における流通が社会問題化している違法情報であって，IHC において適切・円滑に違法情報該当性を判断することができる情報である。具体的には，以下の13通りの情報が該当する。

【わいせつ関連情報】

① わいせつ電磁的記録に係る記録媒体陳列

② 児童ポルノ公然陳列

③ 売春目的等の誘引

④ 出会い系サイト規制法違反の禁止誘引行為

表7−1　分析の結果，違法情報と判断した通報

	国内	海外	合計
わいせつ電磁的記録記録媒体陳列	1,794件	38,280件	40,074件
児童ポルノ公然陳列	334件	2,714件	3,048件
売春目的等の誘引	78件	445件	523件
出会い系サイト規制法違反の禁止誘引行為	0件	0件	0件
薬物犯罪等の実行または規制薬物の濫用を，公然，あおり，または唆す行為	17件	2,424件	2,441件
規制薬物の広告	905件	14,851件	15,756件
指定薬物の広告	1件	0件	1件
指定薬物等である疑いがある物品の広告	0件	0件	0件
危険ドラッグに係る未承認医薬品の広告	0件	0件	0件
預貯金通帳等の譲渡等の勧誘・誘引	18件	1,107件	1,125件
携帯電話等の無断有償譲渡等の勧誘・誘引	6件	125件	131件
識別符号の入力を不正に要求する行為	1件	89件	90件
不正アクセス行為を助長する行為	0件	0件	0件
合　計	3,154件	60,035件	63,189件

出典：IHC「令和2年中におけるインターネット・ホットラインセンターの運用状況について」

【薬物関連情報】

⑤ 薬物犯罪等の実行または規制薬物（覚せい剤，麻薬，向精神薬，大麻，あへん及びけしがら）の濫用を，公然，あおり，または唆す行為

⑥ 規制薬物の広告

⑦ 指定薬物の広告

⑧ 指定薬物または指定薬物と同等以上に精神毒性を有する蓋然性が高い物である疑いがある物品の広告

⑨ 危険ドラッグに係る未承認医薬品の広告

【振り込め詐欺等関連情報】

⑩ 預貯金通帳等の譲渡等の勧誘・誘引

⑪ 携帯電話等の無断有償譲渡等の勧誘・誘引

【不正アクセス関連情報】

⑫ 識別符号の入力を不正に要求する行為

⑬ 不正アクセス行為を助長する行為

　IHC の「令和 2 年中におけるインターネット・ホットラインセンターの運用状況について」によると，2020（令和 2）年中に39万5232件の通報を受理し，このうち 6 万3189件を違法情報と判定した。わいせつ電磁的記録に係る記録媒体陳列が違法情報の63.4％を占めて最も多く，他には，規制薬物の広告が24.9％，児童ポルノ公然陳列が4.8％などとなっている。

　また，自殺誘引情報については，犯罪予防，人命保護等に資するため警察に通報したほか，4329件に関してプロバイダ等に対して削除依頼を行った。

（3）違法情報の概要

　IHC が扱う上記の13通りの違法情報のうち，第 4 章で説明済みの，① わいせつ電磁的記録に係る記録媒体陳列，② 児童ポルノ公然陳列，④ 出会い系サイト規制法違反の禁止誘引行為，また，同じく第 2 章で説明済みの，⑫ 識別符号の入力を不正に要求する行為（サイト構築型のフィッシング行為），⑬ 不正アクセス行為を助長する行為（他人の ID・パスワード等の提供行為）を除く，③と⑤から⑪までの 8 通りの情報について以下に概説する。

③ 売春目的等の誘引

　売春目的等の誘引とは，売春目的または売春の周旋目的で，広告その他これに類似する方法により人を売春の相手方となるように誘引することをいう。売春目的の広告は 6 月以下の懲役または 1 万円以下の罰金に，売春の周旋目的の広告は 2 年以下の懲役または 5 万円以下の罰金に処せられる（売春防止法第 5 条第 3 号，第 6 条第 2 項第 3 号）。

⑤ 薬物犯罪等の実行または規制薬物の濫用を，公然，あおり，または唆す行為

　薬物犯罪の実行や規制薬物を濫用することを，公然，あおり，または唆した者は，3 年以下の懲役または50万円以下の罰金に処せられる（麻薬特例法第 9 条）。

⑥ 規制薬物の広告

　覚せい剤，麻薬等規制薬物に関する広告を行った者は，3年以下の懲役また
は50万円以下の罰金に処せられる＊（覚せい剤取締法第20条の2，麻薬及び向精神
薬取締法第29条の2及び第50条の18，大麻取締法第4条第1項第4号）。

　IHC のガイドラインでは，規制薬物の該当性につき，「覚せい剤」
「MDMA」「大麻」等の表現が記載されていなくても，「S」「罰」「93」等一般
的に規制薬物名として用いられている表現が記載されており，かつ，当該表現
が掲載されているウェブサイトに掲載されている他の情報（画像等による対象
物の形状，使用方法，効用，品質，値段等の対象物に関する説明等）から規制
薬物であることが明らかであると判断できる場合は，規制薬物に該当すると判
断している。

　　＊我が国の薬物規制は，「薬物四法」と呼ばれる薬物ごとの個別規制法によって
　　　いる。四法とは，覚せい剤取締法（覚せい剤〔メタンフェタミン・アンフェタ
　　　ミン〕），麻薬及び向精神薬取締法（コカイン，MDMA，LSD，ヘロイン，モ
　　　ルヒネ），大麻取締法（大麻），あへん法（あへん）である（カッコ内はそれぞ
　　　れの法律が規制対象とする主な薬物）。

⑦ 指定薬物の広告

　指定薬物は，いわゆる危険ドラッグ（脱法ドラッグ，脱法ハーブ）の多くが
その成分として含むものであり広告が禁止されている。広告の行為者に中止命
令を出し，それに従わない場合，罰則が科せられる（医薬品医療機器等法第76条
の5）。

⑧ 指定薬物または指定薬物と同等以上に精神毒性を有する蓋然性が高い物で
　ある疑いがある物品の広告

　名称，形状，包装等からみて指定薬物等と同一のものと認められる物品の広
告の禁止である。広告の行為者に中止命令を出し，それに従わない場合，罰則
が科せられる（医薬品医療機器等法第76条の2第1項及び同3項）。

⑨　危険ドラッグに係る未承認医薬品の広告

　指定薬物が新規に指定された際，当該指定を行う厚生労働省令の施行までの間は，当該物質を含有する製品は指定薬物としての取締りの対象とはならないが，これを未承認医薬品に当たると解することは可能である。未承認医薬品の広告は禁止されており，広告の行為者に中止命令を出し，それに従わない場合，罰則が科せられる（医薬品医療機器等法第68条）。

⑩　預貯金通帳等の譲渡等の勧誘・誘引

　犯罪収益移転防止法は，犯罪収益の隠匿等のマネー・ローンダリングに対処するため制定された法律である。振り込め詐欺等の犯罪では，他人名義の預貯金口座が用いられることが多く，かつ，こうした口座がインターネットでも売買されている。預貯金通帳等の譲渡等の勧誘・誘引を行うと，1年以下の懲役または100万円以下の罰金に処せられる（犯罪収益移転防止法第28条第4項）。

⑪　携帯電話等の無断有償譲渡等の勧誘・誘引

　他人名義の携帯電話も振り込め詐欺等の犯罪に利用され，このような他人名義の携帯電話がインターネットでも売買されている。そこで，携帯電話不正利用防止法が制定され，他人名義の携帯電話の売買と広告を禁止している。違反は50万円以下の罰金に処せられる（携帯電話不正利用防止法第23条）。

2　児童ポルノのブロッキング

（1）概　要

　児童ポルノは，性的虐待の記録であって被害児童を深く傷つけるものである。そして，拡散を食い止めるために早急に対処が必要であり，プロバイダに対する削除依頼や警察の捜査を待つのでは遅いと認識されている。そこで，IHCとインターネット・サービス・プロバイダ（ISP）を会員とする一般社団法人インターネットコンテンツセーフティ協会（ICSA）が協力して，児童ポルノのブロッキングを行っている。

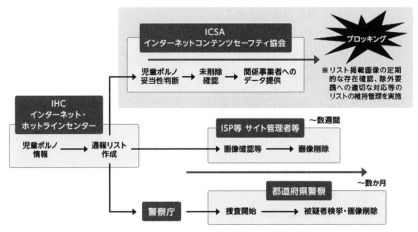

図7-2　児童ポルノのブロッキングの仕組み

出典：一般財団法人インターネットコンテンツセーフティ協会のウェブサイト

　ブロッキングとは，プロバイダがウェブサイトを閲覧しようとするユーザーの閲覧先を機械的に検知してブロッキングの対象リストに掲載された閲覧先である場合にはその閲覧のための通信を遮断することをいう＊。利用者の同意を得ずに強制的に行われている点で，後述のフィルタリングとも異なる。

　　＊現在のところ，児童ポルノ以外のコンテンツを対象とするブロッキングは行われていない。

　2010（平成22）年7月，犯罪対策閣僚会議が「児童ポルノ排除総合対策」を策定した。このうちの「インターネット上の児童ポルノ画像等の流通・閲覧防止対策の推進」という項目の一つとして「ブロッキングの導入に向けた諸対策の推進」が置かれ，同年度中を目途にISP等の関連事業者が自主的にブロッキングを実施することが可能となるよう対策を講じる旨が記された。この決定を受けて，2011（平成23）年3月，ICSAが設立され，同協会が児童ポルノ流通防止対策専門委員会（民間組織であり，警察庁等もオブザーバ参加）によって児童ポルノ掲載アドレスリスト作成管理団体に選定された。同年4月，ISP等が，ICSAから提供される児童ポルノに関するアドレスリストに基づいて自主的なブロッキングを開始することとなった。

児童ポルノの製造や提供、公然陳列はすでに法律で規制されていますが、児童ポルノが一旦インターネット上に流出すれば、その回収は事実上不可能であり、被害児童の苦しみは将来にわたって続くこととなることから、一刻も早くその流通防止を図ることが求められています。

このような状況の中で、OCNでは、一般社団法人インターネットコンテンツセーフティ協会（略称：ICSA）から児童ポルノに関するアドレスリストの提供を受け、該当するサイトへの閲覧を制限させていただきます。具体的には、リストに掲載されているサイトを閲覧しようとした場合、同サイトのかわりにブロックされたことを示す以下の画面が表示されます。

このサイトは、児童への著しい権利侵害である児童ポルノを掲載しているサイトと判定され※1、児童ポルノアドレスリスト※2に掲載されているためブロックされました。

詳細につきましては、下記サイトにてご確認ください。

一般社団法人インターネットコンテンツセーフティ協会
（ http://www.netsafety.or.jp/blocking/index.html ）

※1 児童ポルノ流通防止対策専門委員会が承認した基準に基づき、一般社団法人インターネットコンテンツセーフティ協会が判定しました。
※2 お客様ご契約の接続サービスにおいては、一般社団法人インターネットコンテンツセーフティ協会の作成した児童ポルノアドレスリストが利用されています。

ブロックされた時の画面表示例

┃開始日

OCNでは、2011年4月21日（木）より、順次、本取り組みを開始いたします。

図7-3 ISPの一つであるOCN社による児童ポルノのブロッキング開始告知のウェブページ
▷サイトがブロックされた時に表示される画面の例も掲載されている。
出典：OCN社ウェブサイト

　児童ポルノサイトへのアクセスを防ぐ手法として、DNSブロッキングと呼ばれる方法が使われている。DNSブロッキングは、利用者がDNSキャッシュサーバに名前解決（ドメイン名をIPアドレスに変換すること）を要求した時に、アドレスリストに基づき、そのサイトが児童ポルノサイトであるかどうかをチェックし、児童ポルノサイトであることが分かると、本来のIPアドレスとは違うIPアドレスを意図的に返すことで、実質的にサイトへの接続をできなくする、という手法である。

（2）ブロッキングと通信の秘密の問題

　一般に通信の秘密とは、通信の内容等を第三者に知られたり、漏えいされたりしない権利のことをいう。憲法第21条第2項後段は、「通信の秘密はこれを侵してはならない」として通信の秘密を保護している。電気通信事業法も「電気通信事業者の取扱中に係る通信の秘密は、侵してはならない」と規定している（第4条第1項）。違反には罰則が科せられる（第179条　通信の秘密侵害罪）。

一般に，通信の秘密を侵害する行為は，通信の当事者以外の第三者による行為を念頭に，以下の3類型に大別される。

　　① 知得：積極的に通信の秘密を知る行為

　　② 窃用：発信者または受信者の意思に反して利用する行為

　　③ 漏えい：他人が知り得る状態に置く行為

　また，通信の秘密の保護の対象には，通信の内容にとどまらず，個別の通信に係る日時，場所，当事者の氏名，住所等も含まれるとされており，ウェブサイトの閲覧で言えば，閲覧のためのアクセス情報は通信の秘密の保護対象に含まれる。DNSブロッキングは，通信の当事者ではないISPにおいて，ユーザーがアクセスしようとするサイトのIPアドレスを検知して遮断する行為である。こうした検知・遮断行為は，アクセス先を①「知得」し，アクセスを遮断する目的でその情報を②「窃用」するものといえ，通信の秘密侵害罪の構成要件に該当してしまう。

　こうした状況において，DNSブロッキングは，正当行為，正当防衛，緊急避難の3つからなる違法性阻却事由のうち，緊急避難に当たり違法性はないと整理されている。すなわち，まず，正当行為に関しては，DNSブロッキングは関連事業者による自主的な取組みであり，法令上の根拠もないのでこれを正当行為とするのは無理がある。また，正当防衛は侵害者に向けた反撃であるが，ユーザーはなんら侵害行為をしていないので該当しない。緊急避難が認められるためには，① 現在の危難の存在，② 補充性（やむを得ずにした行為であること），③ 法益権衡（生じた害が避けようとした害を超えないこと）の3要件を満たす必要がある。

　DNSブロッキングでは，まず，児童ポルノ画像が誰でも容易に閲覧可能な状態に置かれていて拡散しつつあるので，まさに現在の危難が存在すると判断できる。次に，やむを得ずにした行為であること，すなわち，他に，より侵害性の少ない手段がないと言えるかについては，児童ポルノ画像の削除や警察による犯人の検挙がより侵害性の少ない手段であるので，これらが困難な場合のみ補充性が認められる，ということになろう。現実には，サイト管理者に対し

て児童ポルノ画像の削除を要請してもこれに応じない管理者が存在するなど画像の拡散を簡単には抑止できないし，警察が検挙するのにも時間がかかる。このように，より侵害性の少ない手法である画像の削除も犯人の検挙も容易になし得るとは言い難く，したがって，DNS ブロッキングに補充性は認められる。最後に，生じた害が避けようとした害の程度を超えないと言えるかについては，侵害される法益とは通信の秘密であり，守られる法益とは児童の権利である。当該児童ポルノ画像の児童の権利への侵害が著しい場合には，通信の秘密と比較しても法益の権衡が認められると判断するのが自然であろう。以上のことから DNS ブロッキングは緊急避難に当たり違法性はないと整理できる＊。

　＊緊急避難は，文字通り緊急時に行われるべきであり，日常的な対策である児童ポルノのブロッキングについては，これを正当行為とするための法律的仕組みが必要ではないか，との考えもあり得るところである。しかし，通信の秘密に関わる機微な問題であるだけでなく，実際に緊急避難の法理を根拠に実行できていて，ことがらの性質から，直ちにやめるべきといった反対意見は表立ってどこからも表出されないので，議論は深まっていない。

3　プロバイダ責任制限法

　プロバイダ責任制限法は，正式には，「特定電気通信役務提供者の損害賠償責任の制限及び発信者情報の開示に関する法律」といい，法律の名称にあるとおり，ネット上で権利の侵害があった場合におけるプロバイダ（特定電気通信役務提供者）の損害賠償責任の制限と発信者情報の開示請求の2点について定めている。2001（平成13）年に制定され，翌2002（平成14）年に施行された。

（1）プロバイダの損害賠償責任の制限（第3条）

　第3条は，プロバイダの損害賠償責任の制限について規定している。

　あるサイトに名誉棄損等，権利を侵害する情報が掲載されている場合，そのサイトを管理する立場にあるプロバイダは民事責任を問われるおそれがある。

　しかし，管理するサイトに権利を侵害する情報が存在していたとしても，プ

107

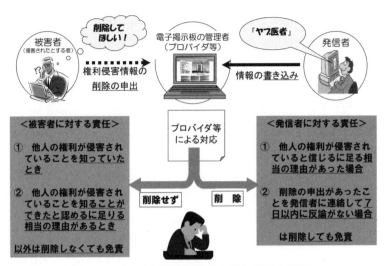

図7-4　プロバイダ責任制限法の概要（第3条関係）

出典：総務省ウェブサイト

ロバイダは，①当該情報の流通によって他人の権利が侵害されていることを知っていたとき，②当該情報の存在を知っており，他人の権利が侵害されていることを知ることができたと認めるに足りる相当の理由があるとき，のいずれかに該当しなければ，権利を侵害されたとする者に対して責任は問われない（第1項）。

　その一方で，①不当な権利侵害が行われたと信じるに足りる相当の理由があったとき，または，②申立者から一定の要件を満たす削除依頼の申出があった場合であって，発信者に削除に同意するかどうかの照会手続を行い，発信者が当該照会を受けた日から7日以内に同意しないとの返答がなかったときに，当該情報を削除しても，情報の発信者に対して責任を負わない（第2項）。つまり，プロバイダは，明らかに権利侵害があったと信じる場合は自らの判断で当該情報を削除しても免責され，削除してよいかどうかはっきりしないときは，権利を侵害されたとする者から削除依頼の申出があったことを発信者に連絡し，7日以内に反論がなければ削除しても免責される。

　以上のように，本条によって，サイトを管理するプロバイダは，権利侵害に

気付いた被害者に対して情報が存在していることに関して免責され，発信者に対して被害者の申出によって削除することに関して免責されるのである[*]。

　＊2013（平成25）年，インターネットを利用した選挙運動の解禁等を内容とする公職選挙法の一部を改正する法律が成立し施行された。同法により，インターネット選挙運動の解禁に伴う権利侵害情報に対応するためプロバイダ責任制限法も一部改正された（公職の候補者等に係る特例（第3条の2））。その内容は，① 自己の名誉を侵害されたとする候補者等から，プロバイダに情報削除の申出があった場合の発信者に対する削除同意の照会期間を2日に短縮する特例を置く，② ウェブサイトを選挙運動に利用する場合はメールアドレス等の連絡方法を表示する義務があるが，権利侵害情報が掲載されたサイトに連絡方法が記載されていない場合は，プロバイダは，削除の申出を受け，当該情報を直ちに削除しても民事上の賠償責任を負わないこととする，というものである。

（2）発信者情報の開示請求（第4条）

　第4条は，発信者情報の開示請求について規定している。違法情報によって権利侵害を受けた者は，① 当該情報の流通によって権利が侵害されたことが明らかであること，かつ，② 損害賠償請求権の行使のために必要であるなど発信者情報の開示を受けるべき正当な理由があること，の2つの要件に該当する場合は，プロバイダに対して発信者情報の開示を請求することができる。

　実際の発信者情報の開示は，これまで，通常は2段階で行われるとされてきた。

　まず，第1段階として，電子掲示板等管理者（コンテンツプロバイダ）[*]に対して，該当する書き込みに関するIPアドレスについての開示請求を行う。続いて第2段階として，ISPや携帯電話事業者等の接続プロバイダ（アクセスプロバイダ，経由プロバイダとも呼ばれる）に対して，第1段階で得たIPアドレスと日時に関する情報（タイムスタンプ）をもとに発信者の氏名・住所を開示請求するのである。

　＊電子掲示板に限らず，コメント欄に自由な書き込みを認めている「食べログ」「amazon」「Googleマップ」等もコンテンツプロバイダであると整理できる。

ところで，第4条は，第4項でプロバイダが開示請求に応じない場合に請求者に生じた損害についての免責規定を設けている。その一方，プロバイダの開示義務は規定されておらず，開示した場合の発信者との関係における免責規定も置かれていない。こうしたことから，同条は，プロバイダによる裁判外での発信者情報の開示（任意開示）については，どちらかというと開示よりも不開示を選択するように誘導している，あるいは，判断が困難な場合は任意に開示することを慎み，請求者に裁判上の請求を促すように制度設計されていると言えるだろう。総務省も，事業者に対して「裁判外での開示請求については，とりわけ慎重に対応すること」とする見解を示している＊。実際にも，任意開示ではなく，訴訟によってはじめて開示されることが非常に多いと言われている。このように，被害者側に立ってみれば，損害賠償請求の前提である投稿者特定のハードルは依然として高いということになるだろう＊＊。

　また，開示にあたってはプロバイダが発信者の意見を聴かなければならないとされている（第2項）。このことにより，発信者が逃亡，証拠隠滅の機会を得てしまう，という問題点も指摘されている＊＊＊。

　　＊総務省「特定電気通信役務提供者の損害賠償責任の制限及び発信者情報の開示に関する法律解説」（平成29年1月更新）p. 25参照。

　　　以下のような主張もみられる。「請求を受けたプロバイダ等としては，（中略）各要件の充足性を厳格に判断し，確信を得るに至らないときには，開示請求に応じるべきではない。プロバイダ等が任意の開示に応じなくても開示請求者は裁判上の請求によって目的を達成し得るが，誤って開示されたときには原状回復が不可能であり，発信者が重大な不利益を被るおそれがあるからである。たとえば，発信者が照会に対して一応の根拠を示して反論したときには，原則として『権利が侵害されたことが明らかである』とまではいえないため，任意開示を行うべきではない」（栗田昌裕「媒介者責任」，曽我部真裕他『情報法概説第2版』（弘文堂，2019年）p. 198）。

　　＊＊本文中に述べたとおり，発信者情報は裁判外で任意に開示されるケースが少なく，開示請求には，標準的な場合で2回の裁判手続きが必要であり，損害賠償請求訴訟と合わせて裁判手続きは合計3回に上る。この間，相当の時間がかかるだけでなく，被害者が手続きを弁護士に依頼した場合はその費用もかかる。

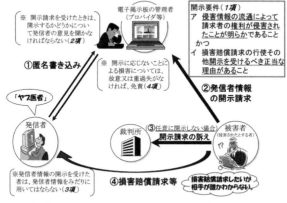

・権利侵害情報が匿名で書き込まれた際、被害者（権利を侵害されたと主張する者）が、被害回復のために、当該匿名の加害者（発信者）を特定して損害賠償請求等を行うことができるよう、発信者情報開示請求権（※）を規定。
（※「発信者情報開示請求権」＝ 一定の要件を満たす場合には、第三者であるプロバイダ等に対し、当該匿名の加害者（発信者）の特定に資する情報（＝発信者情報）の開示を請求することができる権利）

図7-5　プロバイダ責任制限法の概要（第4条関係）
出典：総務省ウェブサイト

　加えて，仮に損害賠償請求訴訟で勝訴したとしても相手方から損害賠償金が支払われる保証はなく，支払われない場合に債権回収を目指すには新たな手続きが必要となりそのための費用も発生する。このように中傷を受けた被害者が情報の発信者からの損害賠償を得るために要する時間的，金銭的負担には大きなものがあると言えるだろう。

　＊＊＊四方光『サイバー犯罪対策概論』（立花書房，2014年）p.32参照。

（3）プロバイダ責任制限法の運用の改訂と同法の改正

　総務省は，2020（令和2）年8月，SNSでの書き込みによる被害を念頭に，プロバイダ責任制限法第4条の発信者情報の開示対象に「発信者の電話番号」を新たに含めることとする省令改正を行った＊。これにより，被害者は，SNS運営者から得た電話番号をもとに，弁護士を通じて携帯電話会社等に直接，損害賠償請求訴訟に必要な投稿者の氏名と住所を照会できるようになった。SNSでの投稿者管理のユニークな点として，SNS運営者が投稿者の電話番号の情報を保有している場合があり，これに該当するケースでは被害者による開示手

続きの負担軽減が見込めることとなった＊＊。

  ＊特定電気通信役務提供者の損害賠償責任の制限及び発信者情報の開示に関する
　法律第４条第１項の発信者情報を定める省令の一部を改正する省令（2020〔令
　和２〕年８月施行）
  ＊＊投稿者の電話番号を入手できれば，被害者側は弁護士会照会（弁護士法第23
　条の２）により投稿者の氏名，住所の情報を得ることができる。

　また，プロバイダ責任制限法改正法案が2021（令和３）年３月，国会に提出
され，４月21日，成立した。この改正により，プロバイダ責任制限法は，現行
の本則５か条から18か条と条文の数が大幅に増加した。施行は2022（令和４）
年秋頃とみられている（2022〔令和４〕年４月末現在未施行）。
　主な改正点は，以下の３点である（総務省「プロバイダ責任制限法の一部を改
正する法律（概要）」参照）。

　①　発信者情報の開示を一つの手続で行うことを可能とする「新たな裁判
　　　手続」（非訟手続）を創設すること＊（加えて，裁判所による開示命令ま
　　　での間，必要とされる通信記録の保全のための消去禁止命令等の措置を
　　　設けること）
　②　発信者の特定に必要となる場合には，ログイン時の情報の開示が可能
　　　となるよう，開示請求を行うことができる範囲等について改正を行うこ
　　　と＊＊
　③　開示請求を受けたプロバイダが発信者に開示請求に応じるかどうか意
　　　見照会をする際に，発信者が開示に応じない場合には，その理由を照会
　　　することとすること

  ＊「非訟手続」は訴訟以外の裁判手続であり，訴訟手続に比べて手続が簡易であ
　るため事件の迅速な処理が可能とされている。
  ＊＊SNS等の「ログイン型サービス」では，利用者のアカウントへのログイン
　後にその状態を数か月以上も続けて投稿までの期間が空くことがあり，しかも，
　アカウントへのログイン情報は残っても，その後の投稿時に記録が残らない場
　合があるので，ログイン情報が「中傷等の投稿に関する発信者情報」と言える
　かにつき明確でなく，裁判例も開示を認めるものと認めないものに分かれてい

た。そこで，必要な場合にはログイン情報の開示が可能となるよう法律上明確化するものである。

4　青少年インターネット環境整備法

青少年インターネット環境整備法（青少年が安全に安心してインターネットを利用できる環境の整備等に関する法律）は，2008（平成20）年に制定され，翌2009（平成21）年施行された。

青少年インターネット環境整備法は，青少年*がインターネットを適切に活用する能力の習得に必要な措置を講ずることや，青少年有害情報フィルタリングソフトウェアの利用の普及等により，青少年が青少年有害情報**を閲覧する機会をできるだけ少なくし，青少年が安全に安心してインターネットを利用できるようにすることを目的としている（第1条）。

　*青少年とは，18歳に満たないものをいう（第2条第1項）。

　**青少年有害情報とは，インターネットを利用して公衆の閲覧（視聴を含む）に供されている情報であって青少年の健全な成長を著しく阻害するものをいう（第2条第3項）とされ，青少年有害情報に当たるものとして，①犯罪若しくは刑罰法令に触れる行為を直接的かつ明示的に請け負い，仲介し，若しくは誘引し，又は自殺を直接的かつ明示的に誘引する情報，②人の性行為又は性器等のわいせつな描写その他の著しく性欲を興奮させ又は刺激する情報，③殺人，処刑，虐待等の場面の陰惨な描写その他の著しく残虐な内容の情報が同法において例示されている（第2条第4項）。

（1）フィルタリングサービスの提供

青少年インターネット環境整備法による施策の中心は，フィルタリングサービスの提供義務である。フィルタリングとは，一般に，インターネットのウェブページを一定の基準で評価判別し，違法・有害なウェブページを選択的に排除する機能のことである。なお，同法の国会審議を通じて，情報の有害性の判断は内容に関する規制となりかねないことから，有害情報の判断，フィルタリングの基準設定等に公権力は立ち入るべきでないことが強調されている*。

＊法案を審議した参議院内閣委員会で，以下の附帯決議がなされた（平成20年6月10日）。

　　四，フィルタリングの基準設定の内容によっては，インターネット利用に際しての表現や通信の自由を制限するおそれがあることを十分に認識し，その開発等に当たっては，事業者及び事業者団体等の自主的な取組みを尊重すること。また，事業者等が行う有害情報の判断，フィルタリングの基準設定等に干渉することがないようにすること。

　携帯電話の契約者または使用者が青少年である場合には，携帯電話事業者（条文上は「携帯電話インターネット接続役務提供事業者」）は，その青少年の保護者がフィルタリングサービスを利用しない旨の申出をしない限り，フィルタリングの利用を条件としてネット接続サービスを提供しなければならないとの規定が置かれた（旧第17条第1項）。その前提として，保護者は，契約の際に使用者が青少年であることを申し出なければならないとされた（旧第17条2項）。

　なお，パソコンに関しては，ISP（条文上は「インターネット接続役務提供事業者」）は，利用者から求められた場合に限りフィルタリングサービスを提供しなければならないとされた（旧第18条）。これは，青少年は，パソコンよりも携帯電話を通じて青少年有害情報に触れることが多いのが現状である上，家庭のパソコンは家族で共有されていることが想定され，しかも，パソコンでは，保護者の判断でフィルタリングソフトを利用することができるため，ISPに携帯電話事業者と同様の提供義務を課すことは過剰であると判断されたものである。

（2）青少年インターネット環境整備法の改正

　青少年インターネット環境整備法は2017（平成29）年に改正された。法改正の背景事情として，スマートフォンの普及でフィルタリングを取り巻く環境が急激に変化したことがある。従来型の携帯電話（フィーチャーフォン）では，ネットへのアクセスは携帯電話回線を通じて行われ，フィルタリング機能も携帯電話会社の管理下にあった。しかし，スマートフォンでは携帯電話回線だけ

新規契約または機種変更等する場合

保護者の皆様は、使用者が18歳未満の場合、その旨を申し出て、フィルタリングを利用しましょう。

🧑‍💼 店側の義務

①青少年確認
契約締結者、携帯電話端末の使用者（締結者が成人の場合）が18歳未満か確認します。

②フィルタリング説明
・青少年有害情報を閲覧する恐れ
・フィルタリングの必要性・内容
を保護者または青少年に対し説明します。

③フィルタリングソフトウェアやOSの設定
契約とセットで販売される携帯電話端末等について、販売時にフィルタリングを使えるようにします。

フィルタリングについてご説明します！

🧑 保護者の役割

①18歳未満が使用者である旨を申し出ましょう。

②フィルタリングの説明を受けましょう。

③フィルタリングを使えるようにしてもらいましょう。

フィルタリングは、有害情報やうっかりアクセスによるトラブルからお子様を守ります。

既にお子様がスマートフォンを利用している場合

フィルタリングは名称が統一され、わかりやすく、簡単で便利に！すぐに活用してみましょう。

平成29年3月より、NTTdocomo、au(KDDI)、SoftBankのフィルタリング名称が**「あんしんフィルター」**に統一されました。

「あんしんフィルター」はお子様の年齢や使い方、判断力に応じて、**4段階の中からフィルタリングレベル**を選ぶだけ。レベルの変更や、利用したいサイト・アプリごとの許可（追加）、ON/OFFの切り替えも簡単にできます。

図7-6　フィルタリングについての説明資料

出典：内閣府 保護者向け普及啓発リーフレット「ネットの危険からお子様を守るために 今、保護者ができること（2017〔平成28〕年11月版）」

でなく，Wi-Fi経由でもネット接続される。

　ところが，同法でフィルタリング提供が義務づけられていたのは携帯電話回線を通じたネット接続についてだけで，Wi-Fi経由での接続については対象外であった。そこで，同法が改正され，2018（平成30）年2月施行された。

　改正点は以下のとおりである。

　　① 携帯電話会社や販売店等に対し，契約締結の際に使用者が青少年かどうか確認する義務を課したこと（第13条）（改正前は保護者が申し出なければならないとされていた）

　　② 携帯電話会社や販売店等に対し，契約締結の際に，フィルタリング利用の必要性等についての説明義務を課したこと（第14条）

③　携帯電話会社や販売店等に対し，契約締結の際に，フィルタリング有効化措置を講じる義務を課したこと（第16条）（ただし，その青少年の保護者がフィルタリング有効化措置を講ずることを希望しない旨の申出をした場合は除く）。フィーチャーフォンの場合には携帯電話会社が携帯電話回線上でフィルタリング機能を有効にすればよかったが，Wi-Fi経由の場合にはそれができないので，スマートフォン端末にフィルタリングアプリをインストールする等の対応が必要になり，こうした対応（アプリ方式のフィルタリング）を店頭で行うことを義務づけるということである。

学習を深めるために

　本章で紹介した，違法コンテンツに立ち向かう組織，法律のしくみなどの理解に努めよう。その上で，ネット環境をより健全なものにするためにどのような工夫が望ましいか考えよう。

第8章

情報の保護に関する法制

刑法は，情報を盗む行為を犯罪と規定していないことから，特に保護を必要とする情報については個別の法令で保護が図られている。本章では，そのような法制について主なものを解説する。また，情報の扱いにおける，いわゆる情報倫理の重要性についても触れることとする。

　企業の営業秘密を不正に取得する行為など，情報を盗む行為については，情報は財物ではないから窃盗の客体ではなく，盗んでも窃盗罪にならない。すなわち，刑法は，「他人の財物を窃取した者は，窃盗の罪とし，10年以下の懲役又は50万円以下の罰金に処する」と規定している（第235条）が，窃盗の客体はあくまで財物であり「情報の窃盗」は処罰の対象ではない＊。

　このように刑法が情報を盗む行為を犯罪と規定していないことから，情報のうち，特に保護が必要なものについては，個別の法令で保護が図られている。

　　＊情報が記録された媒体（コンピュータ，USB メモリ，用紙など）は財物なので盗めば窃盗罪となるが，その価値はあくまでその物体の価値である（980円のUSBメモリとか1枚1円の紙10枚分など）。
　　「電気」は刑法第245条により財物とみなされている。

1　営業秘密の不正取得

　営業秘密は，企業のノウハウとして自社管理されているものである。営業秘密の保護については不正競争防止法がこれを定めている。同法では，営業秘密を「秘密として管理されている生産方法，販売方法その他の事業活動に有用な技術上又は営業上の情報であって，公然と知られていないものをいう」と定義

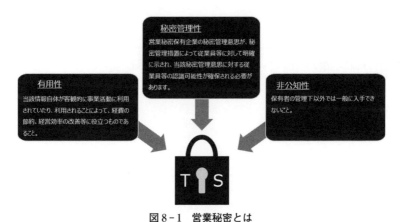

図 8-1 営業秘密とは
出典：経済産業省のウェブサイト「営業秘密〜営業秘密を守り活用する〜」

している（第2条第6項）。このように，「秘密管理性」「有用性」「非公知性」の3つが営業秘密の要件となる。仮に，組織の内部規定で「秘密」「機密」などと分類している情報であっても，上記の3要件が満たされなければ不正競争防止法による保護は受けられない。要件を満たす営業秘密を侵害する行為は，同法により民事的措置（差止請求，損害賠償請求等）または刑事罰の対象となる。

　刑事罰の対象となるのは，不正の利益を得る目的またはその営業秘密保有者に損害を加える目的で（図利加害目的），詐欺等行為（人を欺き，人に暴行を加え，または人を脅迫する行為）または管理侵害行為（財物の窃取，施設への侵入，不正アクセス行為その他の営業秘密保有者の管理を害する行為）により，営業秘密を取得する行為である（第21条第1項第1号）。違反すると10年以下の懲役または2000万円以下の罰金という重い刑罰が科せられる（一定の行為については，さらに海外重罰規定が適用され，罰金の上限が3000万円以下となる）。このほか，不正取得した営業秘密の使用・開示や，媒体に記録された営業秘密の記録の複製等も刑事罰の対象とされている＊。

　　＊営業秘密不正取得等の営業秘密侵害罪は，以前は親告罪であったが，現在は非
　　　親告罪化されており，被害者の告訴がなくても刑事罰を科すことができる。裁
　　　判は原則公開されるので，営業秘密を不正使用した者に対して刑事罰が科せら
　　　れる場合，営業秘密も公開されてしまうことになる。そこで，従来は，このよ

物 理 的 ・ 技 術 的 な 防 御

秘密情報に近寄りにくく
するための対策

秘密情報の持ち出しを
困難にするための対策

心 理 的 な 抑 止 　　　　　　働きやすい環境の整備

漏えいが見つかりやすい
環境づくりのための対策

秘密情報だと思わなかった！
という事態を
招かないための対策

社員のやる気を高め、
秘密情報を持ち出そうという
考えを起こさせないための対策

**図 8 - 2　情報に合わせた対策の選択と決定をしましょう（5 つの対策
と，その目的）**

出典：経済産業省「秘密情報の保護ハンドブックのてびき」より

うな営業秘密の公開という不利益を甘受しても刑事罰を科そうとするか否かの
判断を企業に委ねていた。しかし，2011（平成23）年の不正競争防止法の改正
により，刑事裁判の公判審理において営業秘密を明らかにしない秘匿決定等の
手続が整備され（第23条），刑事裁判において営業秘密が公開されてしまうと
いう問題点が大きく解消されたため，営業秘密侵害罪を親告罪とする必要性が
なくなった。こうした判断のもと，2015（平成27）年の同法改正により，営業
秘密侵害罪は非親告罪となった。

　営業秘密侵害事件として注目を浴びた，通信教育大手企業において大量の個人情報が流出した事件を紹介する。

　2014（平成26）年7月に発覚したもので，通信教育大手企業の保有する顧客情報約3504万件が流出した。この年，同社に対し，顧客から「同社だけに登録した個人情報を使って他社からダイレクトメールが届くが，個人情報が漏えいしているのではないか」との問い合わせが相次いだ。同社は社内調査を行い，同年7月，社長が記者会見し，「データベースの顧客情報が外部に持ち出され，大量の情報が漏えいした可能性がある」と発表した。流出した情報は，子ども・保護者の氏名，住所，電話番号，性別，生年月日などである。

　同月，警視庁が，同社のグループ会社に勤務していた派遣社員のシステムエンジニア（39歳）を逮捕した。同人は，調べに対し顧客情報を持ち出したことを認め，「金がなくて生活に困っていたので，名簿業者に複数回売却した。総額で数百万円になった」と供述したとされている。その後，同人は不正競争防止法違反（営業秘密の複製・開示）で有罪となった。控訴審の東京高裁で，会社の情報管理に落ち度があったとして減刑され，懲役2年6カ月，罰金300万円の実刑判決が確定した。

　また，そもそもなぜこのような犯行を実行できたのかについて，同社は，社内調査の結果として，「個人情報漏えい事故調査委員会による調査結果のお知らせ」と題する報告書を公表し説明した。

　それによると，同社は顧客情報に関するデータベースの運用や保守管理をグループ会社に委託していたが，同グループ会社は業務をさらに複数の外部の業者に分散して再委託していた。犯人のシステムエンジニアは，外部の業者から派遣された者であり，データベースシステム管理を担当し顧客情報にアクセスする権限を与えられていた。犯人は，業務のため貸与されたパソコン（クライアントPC）に，データベース内に保管されていた顧客等の個人情報を保存して不正行為の準備を行った上で，これらの個人情報をUSBケーブルを用いて個人所有のスマートフォンに転送し内蔵メモリに保存することにより，個人情報を不正に取得した。

　同社には，クライアントPCとサーバとの間の通信量が一定の閾値を超えた場合の「アラートシステム」が採用されていたものの，同システムの対象範囲が明確に定められておらず，不正行為が行われた当時，アラートシステムが機能しなかった。また，クライアントPCを含む社内のパソコン内のデータを外部メディアへ書き出すことは禁止しており，当該行為を制御するシステム「書出し制御システム」も採用されていたが，同システムのバージョンアップの際に，特定の新機種のスマートフォン（犯人所持のものも該当）を含む一部の外部メディアへの書出しについて，書出し制御機能が機能しない状態が生じていた。

　このように，システム的に防げる不正であったはずが，通信量管理のための閾値の

設定ミスと「書出し制御システム」の一部スマートフォン機種への未適用という２つのミスにより実際には防げなかったのである。

　この事件は，こうしたシステム面での失態に加え，いわゆる下請け・孫請けといった形で外部から派遣されてくる職員にまで人事管理が及びにくいことや，犯行に及んだ職員の倫理観の欠如，倫理観を曇らせる借金の存在など，多くの教訓・論点を残した。

　営業秘密の漏えいのルートとしては，漏えいの意図を有しない従業員のミスによるものが多いが，中途退職した正規の従業員等が意図的に漏えいする場合もみられている。もともと，日本の企業では，終身雇用制度が長く続いた影響で，身内意識が強く，営業秘密の管理に関する意識が米国等と比べると低いなどと指摘されることがあるが，最近は，若い世代を中心に転職が当たり前になってきているため，情報の持ち出しの潜在的なリスクが高まっていると言えるかもしれない。営業秘密を守るための対策が一層求められている。

　経済産業省では，企業向けのハンドブックで，営業秘密を守るため以下のような対策を講じることが望ましいと指摘している。

- ●秘密情報にアクセスできる人を最小限にとどめ，漏えいのリスクを少なくする。
- ●私物の USB メモリの使用を禁止するなど秘密情報の持ち出しを困難化する。
- ●防犯カメラを設置するなど，漏えいが見つかりやすいよう視認性を向上させる。
- ●秘密情報をひと目で分かるように表示するなど職員の認識を向上させる。
- ●職員のやる気を高め信頼関係を向上させる。

2　クレジットカード番号情報の不正取得

　割賦販売法は，クレジットカード関連事業者が業務に関して知り得たクレジットカード番号を自己もしくは第三者の不正な利益を図る目的で提供する行為について３年以下の懲役または50万円以下の罰金を科している（第49条の２）。

また，人を欺いてクレジットカード番号を提供させる行為や，クレジットカード番号の無断複製や不正アクセスによりクレジットカード番号を取得する行為にも同様の刑が科される（同条第2項）。

このように，割賦販売法は，クレジットカード番号に関する情報を特に保護すべき情報と位置付けている。これに対し，先に説明した（第3章），刑法163条の2の支払用カード電磁的記録不正作出は，スキミング行為によって得た情報をもとにするなどして，カードの電磁的記録そのものを不正に作出する行為を罰するもので，罰則もより重い。

3　個人情報保護法

個人情報保護法（個人情報の保護に関する法律）は，2003（平成15）年に制定され2年後に完全施行された法律である。個人情報の保護については，昭和50年代以降，全国の各自治体が国に先行する形で個人情報保護条例を次々に制定した。国でも「行政機関の保有する電子計算機処理に係る個人情報の保護に関する法律」（1988〔昭和63〕年）が制定され，この法律の全部改正法としての「行政機関の保有する個人情報の保護に関する法律（行政機関個人情報保護法）」（2003〔平成15〕年），及び民間事業者が保有する顧客等情報の適正管理を目的とした個人情報保護法が制定された。

個人情報保護法により，個人情報データベースを利用している個人情報取扱事業者は適切な情報管理のための義務を負うこととなった。個人情報取扱事業者が負う義務としては，利用目的の特定（第17条），利用目的による制限（第18条），適正な取得（第20条），取得に際しての利用目的の通知（第21条），第三者提供の制限（第27条）等がある。

また，同法の2015（平成27）年の改正により，個人情報取扱事業者に対する監督をそれまでの各分野の主務大臣に代わって一元化して行う個人情報保護委員会が設置（2016〔平成28〕年1月1日）されたほか，それまで存在していた件数要件が撤廃となり，取り扱う個人情報の数が5000件以下の小規模な事業者も同法の適用対象となった。

トピック20　上場企業の個人情報漏えい・紛失事故調査（東京商工リサーチ）

　2022（令和4）年1月，（株）東京商工リサーチは，上場企業とその子会社の個人情報漏えい・紛失事故について，それぞれの社がプレスリリース・お知らせ・お詫びなどにより自主的に開示した情報を発表日ベースで独自集計し調査結果として発表した*。調査では，個人情報を，氏名，住所，電話番号，年齢，性別，メールアドレス，ログインID等と定義し，プレスリリース等で「漏えいの可能性がある」とされたものも対象としている。

　　＊　（株）東京商工リサーチ「上場企業の個人情報漏えい・紛失事故は，調査開始
　　　以来最多の137件574万人分（2021年）」。

　調査結果によると，2021（令和3）年に上場企業とその子会社で，個人情報の漏えい・紛失事故を公表したのは120社，件数は137件，漏えいした個人情報は574万9773人分に達した。事故件数の137件は，2012（平成24）年にこの調査を開始以降最多であった。

　情報漏えい・紛失事故137件の原因は，「ウイルス感染・不正アクセス」の68件（49.6％）が最多で，次いで，「誤表示・誤送信」が43件（31.3％），「紛失・誤廃棄」が16件（11.6％）であった。また，1事故あたりの情報漏えい・紛失件数の平均では，「ウイルス感染・不正アクセス」が11万745件と突出し，紙媒体が中心の「紛失・誤廃棄」等に比べ，1事故あたりの件数が桁違いに大きかった。

　この調査から，改めて，個人情報漏えいのリスクの高さや，その原因となるサイバー犯罪の深刻さがうかがえると言えるだろう*。

　＊上場企業数は3822（2021年末）なので（日本取引所グループウェブサイトによる），単純計算で，上場企業の3.1％が，2021（令和3）年の単年で個人情報漏洩・紛失事故を起こしたことになる。また，ここに紹介した東京商工リサーチの調査は，流出元企業による自主的な発表を集計したものであり，企業が漏洩・紛失に気付いていない場合等も想定され得るので，実際の数字はもっと大きい可能性があるだろう。

　個人情報保護法には罰則規定が置かれており，個人情報取扱事業者もしくは従業者またはこれらであった者が，その業務に関して取り扱った個人情報データベース等を自己もしくは第三者の不正な利益を図る目的で提供し，または盗用したときは1年以下の懲役または50万円以下の罰金に処せられる（第174条）。このほか，国が違反行為を中止することを命令したにもかかわらず事業者が従わなかった場合や事業者が虚偽の報告をした場合等も罰則の対象となっている

（第173条，第177条等）。

　以上から明らかなように，個人情報保護法は，広く個人情報を保護するための法律として欠かせない役割を果たしている。

　個人情報保護法は，2020（令和 2 ）年及び2021（令和 3 ）年と続けて改正が行われ，個人情報の漏えいが発生した場合の個人情報保護委員会への報告と漏えい情報の当事者への通知が義務化されたほか（令和 2 年改正分），個人情報に関するルールが個人情報保護法に集約され，行政機関，独立行政法人，地方自治体に関する個人情報の取り扱いにすべて同法が適用されることとなった（令和 3 年改正分）。なお，令和 2 年改正分は施行済みであるが，令和 3 年改正分は，2022（令和 4 ）年 4 月末現在，一部未施行である＊。

　　＊今後，令和 3 年改正分の完全施行によって一部の条文の番号にずれが生じる。

4　マイナンバー法

　マイナンバー法（行政手続における特定の個人を識別するための番号の利用等に関する法律）は，2015（平成27）年10月に施行された法律である。同法は，行政事務の処理において，個人番号（マイナンバーのこと。日本に住民票を有するすべての者が持つ12桁の番号）及び法人番号を活用することにより情報管理と行政運営の効率化を図ること，手続の簡素化による国民の負担の軽減と利便性の向上を図ること等をその目的としている。

　マイナンバーは特に保護すべき情報とされており，人を欺くなどし，または財物の窃取や不正アクセス行為などによりマイナンバーを取得すると 3 年以下の懲役または150万円以下の罰金に処せられる（第51条）。他に，マイナンバー関係事務等に従事する者が，正当な理由なく，業務で取り扱う個人の秘密が記録された特定個人情報ファイル（個人番号を含む個人情報ファイル）を提供した場合等も罰則の対象とされている（第48条等）。

5　公務に関連する情報の保護

（1）公務員の守秘義務

　国家公務員法，地方公務員法及び自衛隊法は，職員が職務上知ることのでき
た秘密を漏らしてはならないと定めており，この義務はその職を退いた後も同
様とされている（国家公務員法第100条，地方公務員法第34条，自衛隊法第59条）。
秘密を漏らした場合は，いずれも１年以下の懲役または50万円以下の罰金に処
せられる。

（2）特定秘密保護法

　公務員の守秘義務違反には前項のとおり罰則が科せられるが，罰則は１年以
下の懲役または50万円以下の罰金と軽く設定されている。不正競争防止法の営
業秘密侵害罪の法定刑が10年以下の懲役または2000万円以下の罰金であるのと
比較しても非常に軽い。

　そこで，特に秘匿を要する政府の機密情報を特定秘密に指定し，高い機密性
を保持するための措置を講じるとともにその漏えいに重い罰則を科すための法
律として特定秘密保護法（特定秘密の保護に関する法律）が制定され，2014
（平成26）年12月，施行された。このように，特定秘密保護法の目的は，国家
機密を増やして国民の目から隠そうというものではなく，もともと国の秘密で
あったうちの一部について管理を手厚くすることにある。

　同法に規定する特定秘密とは，防衛，外交，スパイ活動またはテロの防止の
いずれかに関する情報であって公になっていないもののうち，その漏えいが我
が国の安全保障に著しい支障を与えるおそれがあるため特に秘匿することが必
要であるものをいう（第３条）。特定秘密を保有する行政機関の長は，秘密保
護のために必要な措置を講じなければならない（第５条）。また，特定秘密の
取扱者は制限され，適性評価をクリアした者だけが特定秘密を取り扱うことが
できる（第11条，第12条以下）＊。

　＊適性評価は「セキュリティ・クリアランス」とも呼ばれ，評価対象者について，

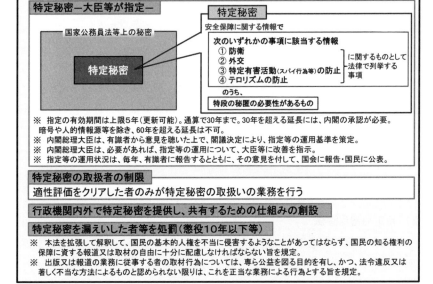

図8-3 特定秘密の保護に関する法律のポイント
出典：内閣官房のウェブサイト（特定秘密保護法関連）

その同意を得た上で，テロ組織との関係，犯罪歴，薬物乱用歴，精神疾患，飲酒癖，経済状況などが多角的に評価される。これにクリアすると「特定秘密取扱者」となって特定秘密へのアクセスが許される。

　特定秘密の漏えいには，10年以下の懲役等の罰則が科される（第23条）。また，一定の目的をもって，盗聴や不正アクセス行為等によって特定秘密を取得する行為も罰せられる（第24条）。

　なお，特定秘密の範囲や，マスコミの取材・報道の自由等に関する懸念の声に応えるために，第22条において，① 特定秘密保護法の適用に当たって，これを拡張解釈して，国民の基本的人権を不当に侵害するようなことがあってはならず，国民の知る権利の保障に資する報道または取材の自由に十分に配慮しなければならない，② 出版・報道の業務に従事する者の取材行為については，専ら公益を図る目的を有しており，かつ，法令違反または著しく不当な方法に

よるものと認められない限りは，正当な業務による行為とする，との解釈適用
についての規定が置かれた。

（3）刑事特別法と日米秘密保護法

　刑事特別法では，アメリカ合衆国軍隊の機密（合衆国軍隊についての防衛，
編成・装備，運輸・通信に関する事項やこれらの事項に係る文書，図画等で，
公になっていないもの）を侵す罪が規定されており，漏えいのほか，探知・収
集も罰則の対象とされている（第6条）。

　また，日米秘密保護法では，特別防衛秘密（日米相互防衛援助協定等に基づ
き米国政府から供与された船舶・航空機・武器・弾薬などの装備品や資材につ
いての極めて秘匿性の高い情報）の漏えい，探知・収集が罰則の対象とされて
いる（第3条）＊。

　　＊刑事特別法の正式名称は，「日本国とアメリカ合衆国との間の相互協力及び安
　　　全保障条約第六条に基づく施設及び区域並びに日本国における合衆国軍隊の地
　　　位に関する協定の実施に伴う刑事特別法」という。また，日米秘密保護法の正
　　　式名称は，「日米相互防衛援助協定等に伴う秘密保護法」という。

6　情報倫理

　情報の保護に関連する法制度を解説した本章の趣旨からややずれるが，ここ
で，インターネットで流通する情報の特性を踏まえた情報倫理の重要性という
ことについて触れておきたい。

　情報倫理とは，一般に，情報を扱う上での規範，すなわちモラルやマナーと，
それを支えるための情報を扱う能力（リテラシー）のことをいうが，ネット時
代において，情報を適切に読み取りかつ発信するために，情報倫理の重要性が
一層高まっている。

　情報の受信という面では，インターネット上の情報を冷静に吟味し取捨選択
するという心がけが重要である。というのも，新聞・テレビ等の伝統的なマス
メディアであれば，各社のスタンスに保守・リベラルといった特徴はあり得る

ものの，総じて対立する見解についても触れるなど多くの意見や見方をバラン
スよく報じる姿勢をとっている。読者・視聴者にとって自分と対立する主張で
あったとしても，そうした内容は嫌でも入ってくるので，個人の思い込みがあ
る程度緩和されることが期待できる。しかし，インターネット経由の情報は，
自分の好むものだけを選別することができるため，このことが偏った考え方の
形成を促してしまうという危険性がある。自分の好む情報だけを受け入れよう
とする心理的な特性は，以下のような心理学の「認知バイアス」（認知のゆが
み）によって説明されることがある*。

- ●「確証バイアス」：自分の信じていることを裏付けしようして，これに
  合致する情報だけを収集するという習性。
- ●「認知的不協和」：矛盾する情報を抱えると不快になるので，その不協
  和を解消しようと一部の情報を無視・軽視する習性。
- ●「認知的完結欲求」：あいまいさを嫌い，明確な答えを早く見出したい
  との心理的欲求。
- ●「エコーチェンバー（反響室）現象」：掲示板等で同じような考えを持
  つ人々が集まることで，特定の信念が共鳴・反響して増幅される現象。
  「自分たちこそ正しく多数派である」との意識を強めることにつながる。

*認知バイアスの説明は，大治朋子『歪んだ正義』（2020年，毎日新聞出版）pp.
180-183及び2020（令和2）年9月28日付毎日新聞記事「新型コロナ：コロナ
禍で過激思考拡散，憎悪あおる過激派」を参照した。

　こうした認知バイアスから逃れるのは，実際のところ容易ではないと思われ
るが，少なくとも，自分が有しているものの見方・考え方には自分に特有のバ
イアスがかかっているかもしれないと自覚するよう努めることがその出発点に
なるのではないだろうか*。

*インターネット経由の情報で偏った考えに陥る危険性は，自分の好む情報だけ
を受け入れようとする人間の心理的な特性を理由とするのに止まらない。イー
ライ・パリサー『フィルターバブル——インターネットが隠していること』
（井口耕二訳，早川書房，2016年）によると，インターネットの検索エンジン

がユーザーに返してくる検索結果は，検索履歴に基づきカスタマイズされそのユーザーがアクセスする可能性の高いページが表示されるようになっているため，自覚しないまま，フィルターを通った（ろ過された）偏った情報に触れさせられているという。この背景には広告の存在があり，広告の効率を上げるための工夫として行われている。そして，このような状態は，無意識なまま自分だけの情報宇宙すなわち「フィルターバブル」に包まれている状態と言え，知的な孤立に陥る危険性があると指摘している。

　一方，情報の発信という面であるが，ネット上で公開した情報が拡散してしまうと削除するのが極めて困難であることを，入れ墨（タトゥー）を完全に消去することが困難であることになぞらえて「デジタルタトゥー」という。仮に，面白半分で撮影した公序良俗に反する写真や感情に任せて書きなぐった書き込みなどを送信（アップ）すると，そうした情報は自分の手を離れて一人歩きを始め，デジタルタトゥーとして残り続け，後から消すのは至難となってしまう。情報の発信は，一呼吸おいて冷静に判断してから行うことが肝要と言えるだろう。また，SNS は人と人とのつながりが促進されるので便利であるが，顔の見えないコミュニケーションであり，相手の表情が分からないので感情が高ぶりやすい特徴があるという点にも留意すべきである。他にも，SNS では，人の名誉を傷つけたりプライバシーを暴いたりする内容や公序良俗に反する内容を発信しないことはもとより，宗教，病気，性，思想等，扱いに注意すべきことがらに関して発信する場合は，とりわけ偏った内容や差別的なものを含まないよう気をつける必要がある。

学習を深めるために

　情報を盗む行為を刑法の窃盗罪の対象とすることは可能だろうか，頭の体操として考えてみよう。下請け・孫請け企業の従業員や特定のプロジェクトだけに参加する外部の人たちが営業秘密のような機微な情報を持ち出すことを防ぐためには，どのような工夫が必要だろうか。認知バイアスから少しでも逃れて客観的にものごとを見るために必要なことは何だろうか。

第9章

サイバーテロ・サイバーインテリジェンス

　　　　　本章では，サイバーテロとサイバーインテリジェンスを取り上げ，そ
　　　の特徴や最近の情勢等について述べる。
　　　　　我が国の警察の分類では，サイバーテロとサイバーインテリジェンス
　　　の2つをサイバー攻撃と呼んでいる。

1　サイバー攻撃とは

(1) サイバーテロとサイバーインテリジェンスの定義

　第1章で述べた，警察におけるサイバーテロとサイバーインテリジェンスの
定義を再掲する。

　サイバーテロとは，重要インフラ（情報通信，金融，航空，空港，鉄道，電
力，ガス，政府・行政サービス〔地方公共団体を含む〕，医療，水道，物流，
化学，クレジット，石油の14分野）の基幹システム（国民生活または社会経済
活動に不可欠な役務の安定的な供給，公共の安全の確保等に重要な役割を果た
すシステム）に対する電子的攻撃または重要インフラの基幹システムにおける
重大な障害で電子的攻撃による可能性が高いものをいう。

　また，サイバーインテリジェンスは，サイバーエスピオナージともいい，情
報通信技術を用いて政府機関や先端技術を有する企業から機密情報を窃取する
諜報活動のことをいう。

(2) サイバー攻撃の特徴

　サイバー攻撃には，一般のサイバー犯罪に増して，① 攻撃の実行者の特定

が難しい，②攻撃の被害が潜在化する傾向がある（被害に気づきにくい場合が多い），③国境を容易に越えて実行可能である，といった特徴がある。

　サイバー攻撃の脅威は，国の治安，安全保障，危機管理に影響を及ぼしかねないが，こうした行為の背景には，高度の技術を有するハッカー集団や外国の国家機関そのものが関与している可能性もあり，事態のもたらす深刻さに加え，その防止対策も一般のサイバー犯罪以上に困難なものとなる。

　サイバー攻撃の実行者（実行主体）やその手口，目的を特定する活動をアトリビューション（attribution）というが，その達成は容易ではない。また，物理的なテロの実行のための準備として，サイバーテロやサイバーインテリジェンスが行われるおそれも否定できない。例えば，テロリストが爆弾等で物理的に破壊する目標施設への攻撃を容易にするため，あらかじめ電力会社の制御システムを機能不全に陥らせて，攻撃対象施設の電気設備を使用不能にするケースなどが想定できる。

（3）サイバー攻撃の例

　これまでに発生したサイバーテロまたはサイバーインテリジェンスに該当する事例としては，以下のようなものがある。

①　2014（平成26）年5月，米司法省は，米企業へのサイバー攻撃に関与したとして中国人民解放軍の当局者5人を刑事訴追したと発表した。5人はハッカー部隊で知られる中国人民解放軍総参謀部第3部の「61398部隊」に所属しており，2006（平成18）年以降，米企業5社等を攻撃したとして，米当局によって産業スパイや商業機密窃盗など31件の罪で訴追された。

②　2015（平成27）年4月，フランスの国際放送局 TV5Monde に対するサイバー攻撃により，同局の放送が一時的に停止した。また，同局の公式ウェブサイトや同局の SNS アカウントが一時的に乗っ取られ，ウェブサイトの改ざん等の被害が発生した。

③　2015（平成27）年5月，外部からの不正アクセスによって，日本年金機構の年金情報管理システムサーバから約125万件の個人情報が流出した。

WANTED
BY THE FBI

Conspiring to Commit Computer Fraud; Accessing a Computer Without Authorization for the Purpose
of Commercial Advantage and Private Financial Gain; Damaging Computers Through the
Transmission of Code and Commands; Aggravated Identity Theft; Economic Espionage; Theft of
Trade Secrets

Huang Zhenyu　Wen Xinyu　Sun Kailiang　Gu Chunhui　Wang Dong

図 9 - 1　米国で起訴された中国人民解放軍の将校 5 人の写真
出典：AFP のウェブサイト

同年 5 月 8 日以降，機構の職員に対してコンピュータウイルスが内蔵された不審メールが大量に届き，一部の職員がこれらを開封したことが情報流出につながった。

④ 2021（令和 3 ）年 4 月，米国は，大手ソフトウェア開発企業 SolarWinds 社製ソフトウェアのぜい弱性を利用したサイバー攻撃に関連して対ロシア制裁を発動する大統領令を発出し，外交官10人の追放等の措置を実施した。米国は，当該サイバー攻撃がロシアのサイバー攻撃集団 APT29 により実行されたとしている。

⑤ 2021（令和 3 ）年 4 月，大規模サイバー攻撃に悪用されたサーバを偽名で契約していたとして，警視庁公安部が，中国在住で30歳代の中国共産党員の男を私電磁的記録不正作出・同供用容疑で東京地検に書類送検した。宇宙航空研究開発機構（JAXA）や防衛・航空関連企業など約200団体がサイバー攻撃を受けていた。中国軍が日本の機密情報を狙ったとみられている。この男からサーバの ID などを購入していたのは，中国のハッカー集団「Tick（ティック）」で，山東省青島市を拠点とする中国人民解放軍の「61419部隊」は Tick とほぼ一体とみられている。

　アトリビューションにより解明した攻撃者を公表し非難することでサイバー攻撃を抑止する活動をパブリックアトリビューションという。捜査を尽くしても被疑者が外国にいる場合，検挙は実質的に望めないが，判明した事項をあえて公表して相手方をけん制する取り組みである。

　警視庁公安部が2021（令和3）年4月に行った中国共産党員の男とTick（ティック）に関する報道発表は，パブリックアトリビューションの典型例と言ってよいだろう。

　また，我が国の外務省が同年7月19日付で発表した「中国政府を背景に持つAPT40といわれるサイバー攻撃グループによるサイバー攻撃等について（外務報道官談話）」では，

　　「（前略）英国及び米国等は，中国政府を背景に持つAPT40といわれるサイバー
　　攻撃グループ等に関して声明文を発表するとともに，米国はAPT40の構成員4
　　名を起訴しました。我が国としても，APT40は中国政府を背景に持つものであ
　　る可能性が高いと評価しており，サイバー空間の安全を脅かすAPT40等の攻撃
　　を強い懸念をもって注視してきています。（後略）」

（下線は著者による）

などと，サイバー攻撃への中国政府の関与について踏み込んだ表現をしており注目される。

　世界中から注目が集まるオリンピック等のイベントは，開催国の信頼を失墜させるためにサイバー攻撃に狙われやすい。例えば，2016（平成28）年のWADA（世界ドーピング防止機構）への攻撃や2018（平成30）年の平昌オリンピックへの攻撃については，その多くがドーピング問題で参加が認められなかったロシアによるのではないかと推察されている。

　なお，2021（令和3）年夏の東京オリンピック・パラリンピック競技大会に関しては，同年10月，大会のサイバーセキュリティを担当したNTTと大会組織委員会が共同で記者会見し，大会運営に関わるネットワークシステムが大会期間中に4億5千万回のサイバー攻撃を受け，これは2012（平成24）年のロンドン大会と比べると2倍強の多さであったが，一部のスポーツ団体のウェブサイトが改ざんされる事案などはあったもののシステム全体で実害はほぼなかったと説明した＊。

＊朝日新聞「サイバー攻撃4.5億回」（2021〔令和3〕年10月22日）参照。

2　サイバー攻撃の手口

サイバー攻撃には以下のような手口が知られている。

（1）DDoS 攻撃（Distributed Denial of Service 攻撃，分散型サービス妨害攻撃）

　意図的に異常なアクセス集中状況を発生させて攻撃対象のコンピュータに負荷をかけ，正常なサイトの運営や業務を妨害する手法を DoS 攻撃（Denial of Service 攻撃，サービス妨害攻撃）といい，ボットネット＊を利用するなどして，多くのコンピュータから大量のデータを一斉に送信する形態を DDoS 攻撃という。数台のマシンからの DoS 攻撃であれば当該 IP アドレスからのデータ流入を阻止（フィルタリング）することで影響を除去することが可能だが，ボットネットによる大規模な DDoS 攻撃では，フィルタリングするいとまもなくサービス不能状態に陥ることになる。DDoS 攻撃のターゲットにされてしまうと完全に防御することは困難である。

　　＊ボットネットとは，あらかじめウイルスに感染させて，指令を出せば思うとおりに機能する大量のコンピュータやサーバ（ボット）と，犯行者の指令をボットに伝達するためのボット指令サーバからなるネットワークである。ボットやボット指令サーバとなってしまったコンピュータやサーバは通常の機能を果たしていることから，感染に気づきにくい。

　DDoS 攻撃の目的は，妨害行為によりサービス低下をもたらし，これによって機会の損失（攻撃を受けている間は業務が滞る）や信用の失墜を図ることである。

　DDoS 攻撃は，攻撃対象のネットワークに侵入する攻撃ではない。侵入のためにセキュリティの壁を破る必要がないため，技術的にそれほど高度な攻撃ではないという攻撃者側のメリットもある。さらに，IP アドレスの偽装など攻撃者の身元を特定されない工夫もいらない，というのもメリットと言えるだろ

う。

（2）IoT の進展によるサイバー攻撃環境の悪化

IoT*の進展により，ボット化の危険性が増していくとの指摘がなされている。スマート炊飯器，スマート冷蔵庫など，インターネットにつながった家電製品が増加しているが，これらが乗っ取られて攻撃に使用されるという危険性である**。

 *IoT（Internet of Things）とは，直訳すると「モノのインターネット」であるが，「モノのインターネット化」もしくは「モノのネットワーク」のように解するとよい。要はモノ同士をネットで結ぶという考え方である。

 **世界の IoT デバイス数について，『令和 3 年版 情報通信白書』では，2020（令和 2 ）年で約253億台であるとし，2023（令和 5 ）年には約341億台に達すると予測している。

IoT 機器には，パソコンやスマートフォンのような IT 機器に比べ OS（基本ソフトウェア）とアップデート環境に大きな違いがある。OS は，パソコンの場合は Windows，MacOS 等であり，スマートフォンの場合は Android または iOS であって，OS の種類が限られており汎用的なセキュリティシステムが適用可能である。これに対し，IoT 機器では多くの場合，OS は単純で，センサー，カメラなどを対象とする単純なプロセッサが埋め込まれているだけで，種類も多い*。そして，これらの OS に汎用できるセキュリティシステムはない。

 *OS のうち，機器に固定的に組み込まれ，通常，内容の変更を行わないものは，ハードウェアに性質が近いソフトウェアとしてファームウェアと呼ばれることもある（ファームは firm（固い）の意）。

また，IT 機器では通信機能を利用して頻繁にアップデート（ほとんど無償）が行われるうえ，ユーザーも数年で買い替えるのが一般的であり，最新のセキュリティ機能を備えた機器が普及しやすい。これに対し，IoT 機器では，通信

July 17, 2017

Alert Number
I-071717 (Revised)-PSA

Questions regarding this
PSA should be directed to
your local **FBI Field Office**.

Local Field Office Locations:
www.fbi.gov/contact-us/field-
offices

Consumer Notice: Internet-Connected Toys Could Present Privacy and Contact Concerns for Children

The FBI encourages consumers to consider cyber security prior to introducing smart, interactive, internet-connected toys into their homes or trusted environments. Smart toys and entertainment devices for children are increasingly incorporating technologies that learn and tailor their behaviors based on user interactions. These toys typically contain sensors, microphones, cameras, data storage components, and other multimedia capabilities – including speech recognition and GPS options. These features could put the privacy and safety of children at risk due to the large amount of personal information that may be unwittingly disclosed.

図9-2　米連邦捜査局（FBI）による，インターネットに接続されたおもちゃ（スマートトーイ）に関する警告文（一部のみ抜粋）
▷ DDoS 攻撃に使われる可能性に加えて，「マイク端子，カメラ，GPS，データ保存機能，音声認識機能を内蔵した製品は，何者かに個人情報を盗み取られる恐れがある」などと注意を促している。
出典：FBI ウェブサイト

機能によりアップデートできるものは多くない。例えば，冷蔵庫やエアコンにアップデート情報を確認するためのディスプレイや許可を与える入力機器が見当たらなくても不思議ではない。また，買い替えまでの期間も長く，古い対策のまま長期間置かれることになる。こうした IoT 機器の特徴が，以下に述べるようにサイバー攻撃の環境を悪化させている。

（3）不正プログラム Mirai を使用した大規模な DDoS 攻撃

　2016（平成28）年10月，Mirai（ミライ）と言われる不正プログラム（マルウェア）により，DNS サービス（ドメインネームと IP アドレスを相互変換する仕組み）を提供する米国企業のコンピュータが DDoS 攻撃を受け，この影響で米国主要メディアのウェブサイトに接続できない状態が断続的に発生した。攻撃の行われた時点で世界中の IoT 機器50万台以上が Mirai に感染していたとも言われ*，感染した IoT 機器の多くがこの攻撃に参加したとみられる。
　Mirai は，感染してボット化した端末が自ら新規ターゲットを探りボットに

> **トピック23　IoT 機器のセキュリティ対策としての端末設備等規則の改正**
>
> 　IoT 機器のセキュリティ対策として端末設備等規則（電気通信事業法の施行規則に当たる総務省令）が改正された（第34条の10を追加）（令和 2 年〔2020年〕 4 月施行）。この改正により，ウェブカメラやルータといった端末設備を対象に，① アクセス制御機能（設定を変更する際に ID やパスワード等の入力を求める機能），② アクセス制御に使用する ID・パスワードの適切な設定を促す等の機能（初期起動時に端末の出荷時に設定されている初期パスワードを変更するよう促す機能），③ ファームウェアの更新機能またはそれらと同等以上の機能，を備えることを要することとされた。

加えていく機能を有している。その際，Mirai は，IoT 機器の中に初期設定の ID やパスワードとして「root」「password」「admin」「system」「1234」などの単語を使っているものがあることに着目し，こうした単語を優先的に試して侵入する手法をとっている。こうしたことから IoT 機器のユーザーとしては，知らないうちに加害者となることを防ぐためにも，少なくとも初期パスワードを変更するよう努めるべきであろう**。

　　＊数値は読売新聞「IoT 家電感染　サイバー攻撃に悪用」（2016〔平成28〕年10月29日）による。

　　＊＊IoT 機器のパスワードの初期設定の変更については，情報通信研究機構（NICT）が実施している NOTICE による注意喚起の有効性が期待される（第 2 章参照）。

（4）標的型攻撃（Targeted Attack）

　特定の組織や構成員にターゲットを絞って行うサイバー攻撃を標的型攻撃という。なかでも特に持続性・反復性があるものは APT 攻撃（Advanced Persistent Threat：高度で継続的な脅威攻撃）と呼ばれる。世界のセキュリティ業界では，APT 攻撃を行っている集団を見つけると，ロシアの APT29，北朝鮮の APT38のように「APT＋数字」で名前を付けて識別し，その動向を分析している＊。

　　＊「APT＋数字」は，米国大手セキュリティベンダーのマンディアント社（当時）による命名である。同社は，2013（平成15）年「APT1」という論文を発

表し，中国・上海に所在するビルが中国人民解放軍の部隊（前出の61398部隊）に使われ，そこから欧米等へのサイバー攻撃が行われていると論じた。

　一般に，サイバー攻撃も費用と便益（コストとベネフィット）の比較考量はあるので，一定のコストをかけても成功しなければ別の標的に移るものだが，APT 攻撃の場合は，コスト度外視で執拗に攻撃を仕掛け，かつ攻撃の技術力も高いことが多く，このことから何らかの形で国家機関が関与している場合が多いと推測されている。

（5）標的型メール攻撃

　標的型攻撃のうち，市販のウイルス対策ソフトでは検知できない不正プログラムを添付して，正当なものであるかのように装った電子メールを送信し，これを受信したコンピュータを不正プログラムに感染させるなどして，情報の窃取等を図るものを標的型メール攻撃という。不特定多数に攻撃メールが送られればウイルス対策ソフトメーカーも検体を入手しやすくなりウイルス対策ソフトの改善を図りやすいが，標的型メールは特定の組織や構成員にしか届かないためウイルス対策ソフトの改善が図りにくい。

（6）ドライブ・バイ・ダウンロード攻撃，水飲み場型攻撃

　ウェブサイトを改ざんして不正プログラムを仕込んでおき，利用者がそのサイトを訪問した際に自動的に感染させる攻撃をドライブ・バイ・ダウンロード攻撃という。とりわけ，攻撃対象組織の職員が頻繁に閲覧するウェブサイトをあらかじめ把握した上で，これを改ざんし，当該サイトを閲覧したコンピュータに不正プログラムを自動的に感染させる形態を「水飲み場型攻撃」*という。

　水飲み場型攻撃では，特定のサイトを閲覧するだけで不正プログラムに感染するおそれがある**。ユーザーとしても，ドライブ・バイ・ダウンロード攻撃の被害を受けないために，信頼できないサイトは開かない，ウイルス対策ソフトを最新のものにするなど，基本的な対策をとることが重要である。

　＊水飲み場型攻撃は，攻撃者をライオン，攻撃対象のユーザーがふだんアクセス

するウェブサイトを水飲み場にそれぞれ見立て、ライオンが水飲み場の近くで獲物を待ち伏せすることになぞらえた言い方である。

＊＊JavaScript（プログラミング言語の一種）によるプログラムなど、ブラウザ（ウェブサイトを読むためのソフトウェア）上で動くプログラムがあるが、ウェブサイトが改ざんされてこうしたプログラミング言語を用いた不正プログラムが仕込まれると、ユーザーがそのページを閲覧しただけでユーザーのブラウザ上で実行されてしまう。

（7）ゼロデイ攻撃

OSやソフトウェアの脆弱性（ぜいじゃくせい）が判明しその修正プログラムが提供されるより前に、攻撃者が脆弱性を活用して行う攻撃のことをゼロデイ攻撃という。脆弱性に対する解決策が公開された日を第1日（ワンデイ）としたときに、それ以前の状態をゼロデイと呼んでいることに由来する。また、修正プログラムの提供が開始されても、個々のユーザーがこれを適用させるまでに時間がかかるが、公開された修正プログラムが行き渡るまでの間に行う攻撃はNデイ攻撃と呼ばれている。

ソフトウェアはそれなりに吟味されて市場に出される商品であり、攻撃しようとする特定のソフトウェアに絞って未知の脆弱性を見つけ出すのは簡単ではない。ゼロデイ攻撃の多くはまさにこれを行っているのであり、コストと技術力が必要と言われている。

3　サイバー攻撃の情勢

（1）サイバー空間での探索行為

警察庁では、24時間体制でリアルタイム検知ネットワークシステムを運用している。同システムでは、全国の警察施設のインターネットとの接続点にセンサーを設置して定点観測を実施しており、各種攻撃を試みるための探索行為を含む、通常のインターネット利用では想定されない接続情報等を検知し、集約・分析している。センサーは能動的に通信を行うものではなく、かつ、外部

（件／日・IP アドレス）

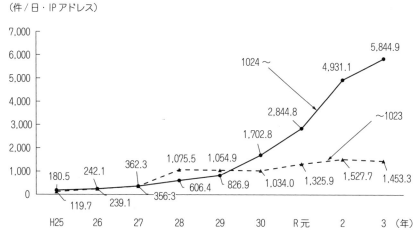

図9-3　サイバー空間における探索行為等とみられるアクセス件数（宛先ポート別）
出典：警察庁「令和３年の犯罪情勢」

　にいかなるサービスも提供していないので，通常，こうしたセンサーにアクセスする通信はないはずだが，実際には多くのアクセスがあり，これらは，探索行為または攻撃そのものとみることができる。検知・分析の結果などは，警察庁ウェブサイト「@police（アットポリス）」で随時，情報提供し，必要に応じて注意喚起も行っている。

　警察庁によると，最近，IoT 機器等に利用されているポート（1024番以上のポート）*へのアクセス件数が増加し続けており，これがアクセス件数全体の増加の大きな要因となっている。2021（令和３）年における1024番以上のポートを対象とした，センサー１個当たり１日当たりの不審なアクセスの件数は，5844.9（件／日・IP アドレス）となっており，これは４年前の2017（平成29）年比で7.1倍に上る**。

　　＊ポートとは，インターネットで用いられる TCP/IP 通信において，利用する
　　サービスを識別するための番号のことで，０から65535までが割り当てられて
　　いる。1024番以上のポートは主として IoT 機器が標準設定で使用するポート
　　番号であることから，こうした番号のポートへのアクセスは，その多くが IoT
　　機器に対する攻撃や探索行為であるとみられる。

＊＊警察庁「令和３年の犯罪情勢」参照。

（２）標的型メール攻撃の現状

　前述のとおり，標的型メール攻撃は，市販のウイルス対策ソフトでは検知できない不正プログラムを添付した電子メールを送信し，これを受信したコンピュータを不正プログラムに感染させるなどして，情報の窃取等を図る攻撃である。警察庁が2020（令和２）年にサイバーインテリジェンス情報共有ネットワーク＊を通じて把握した標的型メール攻撃は4119件に上った＊＊。

　　＊サイバーインテリジェンス情報共有ネットワークとは，警察と先端技術を有する事業者等との間で，情報窃取を企図したとみられるサイバー攻撃に関する情報共有を行うネットワークである（第10章参照）。
　　＊＊警察庁「令和２年におけるサイバー空間をめぐる脅威の情勢等について」p. 14。

　インターネットは，その仕組み上，受け手の意思に関係なくメールを送り付けることができる。したがって，メールに不正プログラムを仕込むのは攻撃者から見て有効な手法といえる。開かせることができれば侵入に結び付くからである。だからこそ，受信者側でメールを開くかどうかの判断は重要である。
　標的型メール攻撃においては，やり取り型がさらに威力を発揮する。やり取りにより受信者にメールの添付ファイルを開かせる可能性が高まるからである。商品の見積もり依頼，故障のクレーム，職員採用への応募など，さまざまな案件を装ってやり取り型が実行されている。具体的には，まず，「○○に関して送付先はこちらでよろしいでしょうか」といったメールを送り，肯定的な返信を得たら，「返信ありがとうございます。それでは，××を別添のとおり送付しますので，ご査収ください」などと不正プログラムを仕込んだファイルを添付したメールを送るのである。
　標的型メール攻撃への対処のためには疑似メールによる訓練が有効である。メールの作り込みの完成度合いや，訓練を完全ブラインド方式で行うか実施時期を示すかどうかなどによって不用意に開封してしまう人の割合は大きく変化

差出人:	
送信日時:	2020年11月16日月曜日 7:12
宛先:	
件名:	見積依頼
添付ファイル:	PO-0905.zip

こんにちは

いつもお世話になっております。
見積依頼させて頂きたくご連絡致しました。

図面添付致しますのでご確認お願い致します。
以上、宜しくお願い致します。

****
〒
TEI:　　　　　　　　FAX:
MOBILE;
E-Mail
****

図9-4　標的型メールの実例
▷製造業者に対して送信されたもので，見積依頼と称し
て，添付された圧縮ファイルを開くよう誘導している。
出典：警察庁「令和2年におけるサイバー空間をめぐる
　　　脅威の情勢等について」

する。いくら訓練を積んでもなかなかゼロにはできないが，メールを開封して
しまった職員を責めると実際の事案発生時にも報告しなくなるので，責めては
いけないとされている。

4　スタックスネットについて

　スタックスネット（STUXNET）は，2010（平成22）年に発覚した不正プロ
グラムである。
　イラン所在の核燃料施設において，インターネットに接続していない産業用
制御システムを乗っ取り，物理的に破壊することに成功した。産業用制御シス
テムは，通常，インターネットに接続していないため安全だと考えられてきた。
感染の手口は USB メモリ経由であり，感染源となった USB メモリは，技術者

が集まる国際会議や見本市のお土産として無料で配られ，スタックスネットが仕込まれていたと言われている。そして，技術者の誰かが当該 USB メモリを施設内のコンピュータに挿入してしまったとみられている。これとは別に，諜報工作員が直接，施設内に持ち込み挿入したとする説もあり，感染の経緯は謎に包まれている。

　スタックスネットは，マイクロソフトの OS である Windows の当時知られていなかった脆弱性を突いてシステムを感染させ，自己増殖を図って産業用制御システムを乗っ取り，核燃料施設の遠心分離機の回転速度に関わる制御システムに特定のコマンドを出した。具体的には，周波数を変えることで遠心分離機の回転速度を変え，機材に想定以上の負荷をかけ続けて遠心分離機を物理的に破壊した。しかも，計器の表示は正常値を示すようにプログラミングされており，機材が破壊されるまで誰も異常に気づくことができなかった。

　イランのナタンズ核燃料施設では，8400台の遠心分離機をすべて稼働不能にし，これによってウラン濃縮が停止し，イランの国策であった核開発は数年前に後戻りしたと言われている。しかも，遠心分離機の故障が相次ぐ状況になっても，ウイルス感染には誰も気づかなかったようである。スタックスネットは明らかにイランのナタンズ核燃料施設を狙っており，標的型攻撃と言ってよい*。

　　＊スタックスネットは，本来の攻撃目標とは思われない，イラン以外の国々にもある程度感染が広がった。また，容易に推測できるが，スタックスネットの製作には多方面の専門家の知恵が必要である。すなわち，OS である Windowsの脆弱性，攻撃対象の制御システムの仕組み，遠心分離機自体の構造，ナタンズ工場の組織体制やセキュリティ措置の状況等，多方面の知識が必要である。スタックスネットはこのような事柄に詳しい人たちが力を結集して作ったと思われ，まさに国家的事業であったであろう。

　この事案は，米国とイスラエルが共同で仕掛けたと言われており，「史上最大のサイバー攻撃」「国家間のサイバー戦争の成功例」などと評価する向きもある。もちろん，両国政府は関与を認めていない。

5　戦場としてのサイバー空間

　サイバー空間は，近年，陸，海，空，宇宙につづく第5の戦場などと言われるようになってきた。

（1）米国サイバー軍の創設

　米国において，サイバー空間が軍事面での作戦領域の一つであると明確に位置づけられたのは，2010（平成22）年2月に発表された「四年ごとの国防戦略見直し（QDR）」の次の文章であるという*。

　　「さまざまな範囲の軍事的な作戦にわたる敵を打ち倒すため，空軍と海軍はともに新たな統合エア・シー・バトル概念を発展させている。この概念は，米国の活動の自由に対する増大しつつある挑戦に対抗すべく，すべての作戦領域──空，海，陸，宇宙，サイバースペースにわたって空軍と海軍がいかに能力を統合させるかを扱う。」　　　　　　（下線は著者による）

　サイバー空間の戦場化を象徴するのが，米国サイバー軍の創設である。サイバー軍（United States Cyber Command：USCYBERCOM）は2010（平成22）年に創設された。当初は統合軍のひとつである戦略軍に属する副統合軍という位置づけであった**。

　2018（平成30）年，サイバー軍は，戦略軍から独立し新たな統合軍に昇格した。その規模は，おそらく6000人から7000人の間であろうとされる***。

　　＊土屋大洋『サイバーセキュリティと国際政治』（千倉書房，2015年）p. 127参照。
　　＊＊米軍における統合軍とは2つ以上の軍種（陸軍，海軍など）を地域別または機能別に統合したもので，地域別ではインド太平洋軍（USINDOPACOM）北方軍（USNORTHCOM）等，機能別では特殊作戦軍（USSOCOM），戦略軍（USSTRATCOM）等がある。
　　＊＊＊土屋大洋『サイバーグレートゲーム』（千倉書房，2020年）p. 170参照。

（2）我が国の自衛隊

　我が国の自衛隊においても，2014（平成26）年，陸・海・空各自衛隊の共同の部隊である自衛隊指揮通信システム隊にサイバー防衛隊を設置した。これは，「現代の軍事的活動が情報通信ネットワークに極めて依存しており，有事に際しては，作戦遂行能力の低下を狙った指揮通信システム等に対するサイバー攻撃が行われる蓋然性が高い」*との認識のもと，作戦遂行に不可欠な情報通信ネットワークをこうした攻撃から確実に守るためである。また，2022（令和4）年3月には，これら各自衛隊の対処部隊を再編して「自衛隊サイバー防衛隊」を発足させ，対処能力の一層の強化を図ることとなった。

　　　＊『令和元年版 防衛白書』，p. 231。

　なお，サイバー攻撃と武力攻撃の関係については，「サイバー攻撃であっても，物理的手段による攻撃と同様の極めて深刻な被害が発生し，これが相手方により組織的，計画的に行われていると判断される場合には，武力攻撃に当たり得る」「サイバー攻撃による武力攻撃が発生した場合，必要な武力の行使として物理的な手段を講ずることが排除されているわけではない」「具体的にいかなる対応を行うかということについては，個別具体の状況に即して判断すべきもの」という立場が示されている（2019〔平成31〕年4月25日　参議院外交防衛委員会　岩屋毅防衛大臣の答弁を抜粋）。

　さらに，より具体的に，どのようなサイバー攻撃であれば武力攻撃に当たるかについて，「その時点のさまざまな情勢，相手方の明示された意図，攻撃の手段，態様などを踏まえて個別的に判断せざるを得ない」としつつ，「例えばアメリカは，国防省の資料によれば，武力の行使とみなされているものの中に，原子力発電所のメルトダウンを引き起こすもの，人口密集地域の上流のダムを開放し決壊をもたらすもの，航空管制システムの不具合をもたらして航空機の墜落につながるものなどが含まれる（と言っている）。このような考え方は我が国としても一つの参考になる」との国会答弁がある（2020〔令和2〕年4月7日　衆議院安全保障委員会　河野太郎防衛大臣の答弁を抜粋）。

（3）サイバー戦争

　サイバー空間において本格的な攻撃事態が発生したとして，それが，いわゆるサイバー戦争に当たるか否かの判断は容易ではない。仮に攻撃の実施主体と攻撃対象が国家や軍隊であることがはっきりしているならばサイバー戦争と呼んでよいであろうが，どちらかまたは双方が非国家的主体であったり，そもそも主体がはっきりしなければ戦争とは呼び難い。少なくとも国家間で宣戦布告のうえ戦われたサイバー戦争は一度も起きていない。

　また，攻撃レベルがどれほどであればテロを越えて戦争というべきなのかもはっきりしない。そうした事態は「グレーゾーンの攻撃」と呼ばれることもある。加えて，サイバー攻撃といえども，我が国の刑罰法令に抵触するなら同時にサイバー犯罪に該当するのも当然である。今後も，サイバー戦争，サイバーテロ，サイバー犯罪の切り分けが困難な状況が継続するのではないだろうか＊。

　　＊我が国の外務省は，2021（令和 3）年 6 月，「サイバー行動に適用される国際
　　　法に関する日本政府の基本的な立場について」を公表した。国連憲章を含む既
　　　存の国際法がサイバー行動（情報通信設備及び技術を利用した行動）にも適用
　　　されることを改めて確認する内容となっている。
　　　2022（令和 4）年 2 月に発生したロシアによるウクライナ侵攻では，武力によ
　　　る侵攻に，インフラを狙ったサイバー攻撃や偽情報による世論の誘導などの情
　　　報戦を絡めた「ハイブリッド戦争」が展開されたとして注目された。

学習を深めるために

　サイバー攻撃のさまざまな手口を理解しよう。また，例えば，自分の IoT 機器がボットネットに組み込まれないようにするためにできる対策は何か考えよう。

第10章

政府のサイバーセキュリティ政策と
警察のサイバー犯罪対策

本章では，政府のサイバーセキュリティ政策と警察のサイバー犯罪対策について，時系列に沿いつつ述べていくこととする。

1 政府のサイバーセキュリティ政策

(1) 政府のサイバーセキュリティ政策の歩み

① IT 基本法

2001（平成13）年1月，IT 基本法（高度情報通信ネットワーク社会形成基本法）が施行された。IT 基本法は，IT 社会構築のための基本理念や体制づくりについて規定しているが，セキュリティに関する記述はほとんど見られず，第22条に「高度情報通信ネットワークの安全性及び信頼性の確保」という言葉で触れられている程度である。

IT 基本法に基づき，首相を議長とする IT 戦略本部（高度情報通信ネットワーク社会推進戦略本部）が設置され，政府の IT 戦略が本格的に始動した。

IT 基本法は，2021（令和3）年9月1日，デジタル社会形成基本法の施行により廃止された。

② 情報セキュリティ政策会議

IT 戦略の進展によって政府のインターネットへの依存も高まってきたことから，2005（平成17）年4月，内閣官房情報セキュリティセンター（NISC，ニスク）が設置され，5月には IT 戦略本部の下に内閣官房長官を議長とする情報セキュリティ政策会議が設置された。これによって政府一体となった本格的

149

な情報セキュリティ対策が始まることとなった。

　続いて，2006（平成18）年2月には情報セキュリティ基本計画が決定された。基本計画では，国の政策として「セキュリティ立国」をうたい，我が国の強みと特長を活かし，世界最高の高度情報通信ネットワーク社会に見合った取組みを実施して，真に情報セキュリティ先進国になることを計画の基本目標とした。さらに，2013（平成25）年6月には，サイバーセキュリティ戦略（旧戦略）が決定された。

③ サイバーセキュリティ基本法

　2014（平成26）年11月，サイバーセキュリティ基本法が成立した。サイバーセキュリティ基本法の目的は，「経済社会の活力の向上及び持続的発展」「国民が安全で安心して暮らせる社会の実現」「国際社会の平和及び安全の確保並びに我が国の安全保障に寄与すること」と定められた（第1条）。

　サイバーセキュリティ基本法は，サイバーセキュリティという用語を初めて使用した法律であり，第2条で，サイバーセキュリティの概念を定義している。それによると，サイバーセキュリティとは，「電磁的方式による情報の安全管理に必要な措置」と「情報システムや情報通信ネットワークの安全性・信頼性の確保に必要な措置（不正な活動による被害の防止措置を含む）」が講じられ，その状態が適切に維持管理されていることであるとされた。このようにサイバーセキュリティの対象とする情報はあくまで電磁的方式による情報であることが明示されている*。

　　*「電磁的方式」とは，電子的方式，磁気的方式など，人の知覚によっては認識することができない方式をいう（第2条）。「情報システム」に関しては，法令上の定義はないが，「ハードウェア及びソフトウェアから成るシステムで，情報処理又は通信の用に供するもの」（サイバーセキュリティ戦略本部「政府機関等の情報セキュリティ対策のための統一基準」平成30年版，p.7）のことである。「情報通信ネットワーク」についても法令上の定義はない。旧IT基本法第2条及びデジタル社会形成基本法第2条に「インターネットその他の高度情報通信ネットワーク」という文言があるので，インターネットが情報通信ネ

ットワークに含まれることが明らかだが，これに限らず，他にも，複数の端末の間で情報処理の通信が可能なネットワーク等も該当し得る，と言えるだろう。

④ サイバーセキュリティ戦略本部

　サイバーセキュリティ基本法の成立に伴い，IT 戦略本部の下に置かれていた情報セキュリティ政策会議は，改組され，内閣官房長官を本部長とするサイバーセキュリティ戦略本部となった。これによりサイバーセキュリティ戦略本部は IT 戦略本部と同格の位置づけとなり，また，それまでにも作成されていたサイバーセキュリティ戦略はサイバーセキュリティ基本法に基づいて作成される政府の基本計画と位置づけられることとなった*。

　サイバーセキュリティ戦略本部により戦略の策定・推進，政府機関の防御能力の強化，関連組織との連携強化などが進められることになった。NISC はサイバーセキュリティ戦略本部の事務局と位置づけられ，名称も内閣サイバーセキュリティセンターに変更された。英語略称は NISC で変わらないが，インシデントが発生した場合の発生省庁からの報告が義務化されるなど，より強い権限を得た**。

　　＊サイバーセキュリティ戦略は，閣議決定により決定される。また，国会報告も義務付けられている。

　　＊＊2015（平成27）年 5 月に日本年金機構において個人情報流出事件（約125万件の個人情報が流出）が発生したが，サイバーセキュリティ基本法の施行後であったため，NISC が主体となって原因究明を行った。また，サイバーセキュリティ戦略本部長は，必要があると認めるときに，関係行政機関の長に勧告することができるとされており，日本年金機構の事案を受けて，厚生労働大臣への勧告が行われた。

（2）サイバーセキュリティ戦略（現行戦略）

　現行のサイバーセキュリティ戦略は，2021（令和 3 ）年 9 月，閣議決定された。期間は 3 年間とされている。

　現行戦略では，それまでのサイバーセキュリティ戦略で掲げられてきた 5 つの基本原則（情報の自由な流通の確保，法の支配，開放性，自律性，多様な主

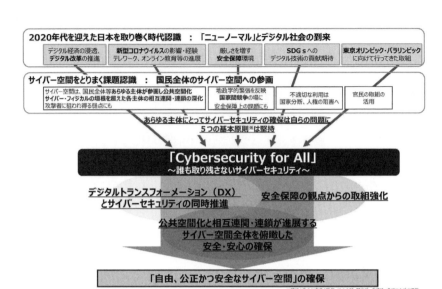

図10-1　サイバーセキュリティ戦略の課題と方向性
出典：内閣サイバーセキュリティセンター「サイバーセキュリティ戦略の概要」（令和3年9月28日）

体の連携）を堅持することとしつつ，新しく，基本法の目的を達成するための大きな方向性を示すものとして，「Cybersecurity for All～誰も取り残さないサイバーセキュリティ～」というスローガンを掲げている。そして，

●経済社会の活力の向上及び持続的発展～デジタルトランスフォーメーション（DX）とサイバーセキュリティの同時推進～

●国民が安全で安心して暮らせるデジタル社会の実現～公共空間化と相互連関・連鎖が進展するサイバー空間全体を俯瞰した安全・安心の確保～

●国際社会の平和・安定及び我が国の安全保障への寄与～安全保障の観点からの取組強化～

の3つを目的達成のための主要施策と位置付けている。

　また，現行戦略は，サイバー空間を取り巻く国際情勢について，「有事とは言えないまでも，最早純然たる平時とも言えない様相を呈している」と分析し，中国・ロシア・北朝鮮の3国を初めて名指しして，これらの国々がサイバー能力の構築・増強を行い情報窃取等を企図したサイバー攻撃を実行していると指

摘している*。

　　＊「サイバーセキュリティ戦略」（令和３年９月28日）p. 8, p. 29参照。

（3）サイバーセキュリティ協議会

　サイバーセキュリティ基本法に基づく法定の情報共有体制として，2019（平成31）年４月，サイバーセキュリティ協議会が組織された。この協議会は，国の行政機関，重要社会基盤事業者，サイバー関連事業者等，官民の多様な主体が相互に連携して，より早期の段階で，サイバーセキュリティの確保に資する情報を迅速に共有することにより，サイバー攻撃による被害を予防し，また，被害の拡大を防ぐことなどを目的としている。参加主体には守秘義務を課し，実質的な情報共有を目指している*。

　　＊NISCによると，2021（令和３）年３月の時点で，266の主体が協議会に参加
　　　している（内閣サイバーセキュリティセンター「サイバーセキュリティ協議会
　　　について」令和４年１月参照）。

2　「世界一安全な日本」創造戦略

　サイバーセキュリティ戦略とは別の流れとして，より犯罪対策に特化した政府の計画である「世界一安全な日本」創造戦略が存在する。2013（平成25）年12月，閣議決定されたもので，犯罪に強い社会の実現のための行動計画（2003〔平成15〕年12月）及びその後継計画の最新版に当たる。

　「世界一安全な日本」創造戦略では，７本柱の取組みの第一に「世界最高水準の安全なサイバー空間の構築」を掲げている。そこでは，安全なサイバー空間の実現は世界最先端のIT国家構築の取組みにとって前提条件であるとともに，国民の生活の安全や経済発展に直結する課題であるとしている。そして，①サイバー空間の脅威への対処，②民間事業者等の知見の活用，③違法情報・有害情報対策，④サイバー空間の安全・安心を確保するための環境整備を推進することとし，具体的には，(1)不正アクセス対策の推進，(2)民間事業者等の知見を活用したサイバー犯罪・サイバー攻撃対処能力の向上，(3)日本

トピック24 「サイバーセキュリティ」と「情報セキュリティ」は異なる概念なのか?

　「サイバーセキュリティ」と「情報セキュリティ」という言葉があるが，この2つは異なる概念なのだろうか。このことに関し，羽室英太郎・元警察庁技術審議官は，自著において「昔は『ハイテク犯罪』，『コンピュータ犯罪』等と呼んでいた不正な活動から守る対象が情報だったことから『情報セキュリティ』と一般的に言われてきていたが，（中略）現代のシステムは，まさに現実空間と対比される社会領域，『サイバー空間（スペース）』として位置づけられるようになった。サイバー空間のトータルなセキュリティを確保する重要性が高まったことから，『サイバーセキュリティ』という呼称が定着するようになってきたものであり，『情報』の防護を主眼とした呼び方『情報セキュリティ』との差を議論する必要性は感じられない」と述べている＊。
　　＊羽室英太郎『サイバーセキュリティ入門』（慶応義塾大学出版会，2018年）p. 5。

　一方，谷脇康彦・総務省総合通信基盤局長（当時）は，対談の中で，サイバーセキュリティ基本法の立案時の議論として，「情報セキュリティという言葉を使うと，紙の情報とか，頭の中にある情報だとか，こうした非常に広い範囲の情報が入るということで，あえてここでサイバーセキュリティという用語を使って，デジタル化されている情報のセキュリティというものに着目しました」と述べている＊。
　　＊宍戸常寿ほか『AIと社会と法』（有斐閣，2020年）p. 261。

　結局のところ，「サイバーセキュリティ」と「情報セキュリティ」は，基本的には同じ意味と考えてよいであろう。ただ，「サイバーセキュリティ」という言葉には，情報そのものに加えて「サイバー空間」すなわち，情報システムや情報通信ネットワークなど，情報を取り巻く空間を保護するという意味合いがより明確に含まれているという面がある（サイバーセキュリティ基本法第2条参照）。逆に，「情報セキュリティ」という言葉には，デジタル化されていない紙ベースの情報等も対象とする余地があるとみる人もいる。このように，二つの概念は，厳密には同一ではないと言えるかもしれない。
　結論としては，両者の差を取り立てて論じる必要はないと言ってよいであろう。

版 NCFTA の創設，(4)通信履歴（ログ）の保存の在り方及び新たな捜査手法についての検討等に積極的に取り組むと記している＊。

　＊「世界一安全な日本」創造戦略に記された，日本版 NCFTA については，後述のとおり，「日本サイバー犯罪対策センター（JC3）」が創設されている。

3　警察のサイバー犯罪対策

　警察は，もちろん個々のサイバー犯罪の捜査に当たっているが，その一方，捜査力の強化，関係機関や団体との連携によるサイバー犯罪の防犯対策，情報発信による注意喚起等，さまざまな活動にも取り組んでいる。

（1）　警察のサイバー犯罪対策の歩み

　警察庁が毎年発行している警察白書をさかのぼると，1983（昭和58）年版の警察白書が「犯罪の質的変化と警察の対応－新しい形態の犯罪との戦い－」という特集を組んでおり，そこに「科学技術の進歩と犯罪」という項目が見られる。同項目では，コンピュータ・システムに向けられた犯罪またはこれを悪用した犯罪をコンピュータ犯罪と呼ぶとして解説を加えている。この頃が「警察におけるサイバー犯罪対策等の情報セキュリティ政策の最初の芽生え」*で，今日につながる施策の出発点であったと言えるかもしれない。

　　＊坂明・四方光「サイバー犯罪とは何か」，土屋大洋監修『仮想戦争の終わり』
　　（角川学芸出版，2014年）p. 152。

　その後，1998（平成10）年，警察庁では，急増してきたハイテク犯罪（コンピュータ技術及び電気通信技術を悪用した犯罪を指すとする当時の用語）に的確に対応するため，ハイテク犯罪対策重点推進プログラムを制定した。また，翌1999（平成11）年には，不正アクセス禁止法を関係省庁とともに立案した。

　2011（平成23）年10月には，サイバー空間の脅威に対する総合対策推進要綱を制定した。この要綱が，警察においてサイバー空間の脅威に対し総合的な対策を講じようとする初めての本格的施策体系であった。

　2015（平成27）年9月には，総合対策推進要綱に代わるものとして，警察におけるサイバーセキュリティ戦略を制定し，2018（平成30）年9月，政府のサイバーセキュリティ戦略の改訂に合わせて，警察におけるサイバーセキュリティ戦略を改訂した。

（2）警察におけるサイバー戦略（現行戦略）

　警察庁は，2022（令和4）年4月，サイバー警察局の新設（後述）に合わせ，新しく警察におけるサイバー戦略を策定した。前年に政府のサイバーセキュリティ戦略が策定されたことも踏まえのことであり，このサイバー戦略が警察の現行の戦略となっている。

　警察におけるサイバー戦略では，推進事項として，

　　① 体制及び人的・物的基盤の強化（サイバー空間の脅威に対処するための体制の構築，優秀な人材の確保・育成，警察職員全体の対処能力の向上，資機材の充実強化，警察における情報セキュリティの確保等）

　　② 実態把握と社会変化への適応力の強化（通報・相談への対応強化による実態把握の推進，実態解明と実効的な対策の推進）

　　③ 部門間連携の推進

　　④ 国際連携の推進

　　⑤ 官民連携の推進（産学官の知見等を活用した対策の推進，民間事業者等における自主的な被害防止対策の促進，民間事業者等と連携した犯罪インフラ対策の推進，地域において活動する多様な主体との連携）

といった項目が記されている。

（3）警察と民間との連携の枠組み

　警察のサイバー犯罪・サイバー攻撃対策においては，関係機関や団体との協力が不可欠であるため，以下のような連携の枠組みが形作られている。なお，ここに紹介したものの他にも，各都道府県警察と地元の関係機関・団体とのさまざまな連携の枠組みが存在している。

① 不正アクセス防止対策に関する官民意見集約委員会（官民ボード）

　不正アクセス防止対策に関する官民意見集約委員会は，2011（平成23）年，警察庁，総務省，経済産業省が中心となって，社会全体としての不正アクセス防止対策の推進に当たって必要となる施策に関し，課題や改善方策について官民の意見を集約するため，民間事業者等と共に設置した委員会である。同委員

図10-2　ポータルサイト「ここからセキュリティ！」
出典：「ここからセキュリティ！」ホームページ

会が策定した「不正アクセス防止対策に関する行動計画」に基づき，情報セキュリティに関する情報を掲載したポータルサイト「ここからセキュリティ！」を公開するなど，不正アクセスを防止するための官民連携した取組みを実施している。このポータルサイトは，いまや不正アクセス防止対策に限らず，ネットでのさまざまな対策等についてアドバイスするサイトに成長している。

② 日本サイバー犯罪対策センター（JC3）

　米国には，かねてよりサイバー犯罪に関する情報共有や捜査支援，被害防止のために設けられた非営利団体 NCFTA（National Cyber-Forensics & Training Alliance）が存在し，米連邦捜査局（FBI）等の法執行機関や民間企業，学術機関等が参加している。

　我が国でも，これにならって，2014（平成26）年11月に一般財団法人日本サイバー犯罪対策センター（Japan Cybercrime Control Center 略称：JC3〔ジェイシースリー〕）が発足した。JC3 は，「サイバー空間全体を俯瞰し，産学官（警察）それぞれが持つサイバー空間の脅威への対処経験を集約・分析した情報を

組織内外で共有し，サイバー空間の脅威を特定，軽減及び無効化するための活動に貢献する」ことを目的として活動している。主な活動内容は，

- ●サイバー空間の脅威に関する情報の集約・分析
- ●サイバー空間の脅威への対処に関する研究開発
- ●サイバー空間の脅威への対処に関するトレーニングプログラムの開発及び提供
- ●サイバー空間の脅威に総合的に対処するための国際連携

である。

③ サイバーインテリジェンス情報共有ネットワーク

　サイバーインテリジェンス情報共有ネットワークは，警察と，情報窃取の標的となるおそれの高い先端技術を有する事業者等との間の情報共有のためのネットワークである。情報窃取を企図したとみられるサイバー攻撃に関する情報の共有をこの枠組みで実施している。警察ではこのネットワークを通じて事業者等から提供された情報を集約するとともに，提供された情報及びその他の情報を総合的に分析し，事業者等に対し，分析結果に基づく注意喚起を行っている。2022（令和4）年1月現在，全国約8200の事業者が参画している＊。

　　＊警察庁「令和3年におけるサイバー空間をめぐる脅威の情勢等について」p. 22
　　参照。

④ サイバーテロ対策協議会

　サイバーテロ対策協議会は，サイバー攻撃による被害を防止するため，各都道府県警察と重要インフラ事業者等によって構成される協議会である。全ての都道府県に設置されている。この協議会の枠組みを通じ，個別訪問によるサイバー攻撃の脅威や情報セキュリティに関する情報提供，民間有識者による講演，参加事業者間の意見交換や情報共有等を行っている。さらに，サイバー攻撃の発生を想定した共同対処訓練やサイバー攻撃対策に関するセミナーを開催し，サイバー攻撃のデモンストレーションや事案対処シミュレーションを行うことにより，緊急対処能力の向上に努めている。また，我が国の事業者等を対象と

したサイバー攻撃が呼び掛けられていることなどを認知した場合には，対象とされた事業者等に対して速やかに注意喚起を行い，被害の未然防止を図っている。

⑤　不正プログラム対策協議会

不正プログラム対策協議会は，警察とウイルス対策ソフト提供事業者等との間の協議会であり，不正プログラム対策に関する情報共有を行っている。特に，警察からは，市販のウイルス対策ソフトで検知できない新たな不正プログラムに関する情報や未知の脆弱性に関する情報を提供し，情報セキュリティ対策の向上を図っている。

⑥　不正通信防止協議会

不正通信防止協議会は，警察とセキュリティ監視サービスまたはセキュリティ事案に対処するサービスを提供する事業者との間のサイバーインテリジェンス対策に資するための協議会である。標的型メール攻撃等に利用される不正プログラムの接続先等の情報を共有することにより，我が国の事業者等が不正な接続先へ通信を行うことを防止するよう努めている。

（4）サイバー防犯ボランティアへの支援

サイバー犯罪被害防止のための教育活動や広報啓発活動を行うサイバー防犯ボランティアが多数存在する。警察庁によると，2020（令和2）年末時点で，全国で262団体8161人がサイバー防犯ボランティアとして活動している*。

　＊『令和3年版　警察白書』p. 23参照。

警察は，サイバー防犯ボランティアに対して各種の研修会を開催するなど，その活動を支援している。また，警察庁ではサイバー防犯ボランティア活動のためのマニュアルを作成しており，同マニュアルでは，サイバー防犯ボランティア活動として，①犯罪被害防止のための教育活動，②広報啓発活動，③サイバーパトロール（サイバー空間の浄化）の3つの活動を想定し，基本的心得

《３つの活動》

図10-3　サイバー防犯ボランティアの３つの活動
出典：警察庁「サイバー防犯ボランティア活動のためのマニュアル」

や具体的活動方法等について記載している。サイバー防犯ボランティアの実際の活動事例についても警察庁のウェブサイトで公開している。

　サイバー防犯ボランティアの活動の重要な柱がサイバーパトロールである。サイバーパトロールとは，インターネット上で行うパトロール活動であり，違法情報・有害情報の発見に努め，発見した場合はインターネット・ホットラインセンター（IHC）に通報する取組みである。第７章で述べた年間39万件余りに上るIHCへの通報の多くをサイバー防犯ボランティアが担っている。

（5）情報発信

　警察庁では，ポータルサイト「サイバーポリスエージェンシー」を設置し，サイバー犯罪，サイバー攻撃による被害の防止等を図るために手口や情勢に関する情報等を公開している。同サイトからは，「@police（アットポリス）」というサイバー攻撃中心の情報サイト及び「警察庁サイバー犯罪対策プロジェクト」というサイバー犯罪中心の情報サイトに入ることができる。

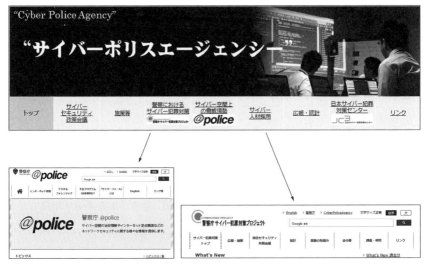

図 10 - 4　**警察庁のウェブサイト「サイバーポリスエージェンシー」「@police」「警察庁サ
イバー犯罪対策プロジェクト」のホームページ**

@police では，最新のサイバー攻撃事案を踏まえた注意喚起や警察庁が運営
しているリアルタイム検知ネットワークシステム（第 9 章参照）での検知・分
析結果についての情報提供等を行っている。

警察庁サイバー犯罪対策プロジェクトでは，最新のサイバー犯罪の手口を踏
まえた注意喚起と被害防止対策の解説，各種統計資料，調査・研究状況等につ
いて掲出しているほか，サイバー防犯ボランティアの活動の紹介も行っている。

このほか，各都道府県警察のウェブサイトでもサイバー犯罪に関するページ
を設けており，都道府県民に対する積極的な情報発信に努めている。

（6）警察庁サイバー警察局等の新設

警察庁は，2022（令和 4）年 4 月，大規模な組織再編を行い，本庁の内部部
局としてサイバー警察局を，関東管区警察局にサイバー特別捜査隊をそれぞれ
設置した。最近のサイバー空間を取り巻く情勢，すなわち，高度な専門的技術
を有する集団による執拗なサイバー攻撃の発生，攻撃手法の拡散・高度化，国
際連携の重要性の高まりといった情勢を背景として行われたものである。

サイバー警察局では，サイバー分野における庁内横断的な役割を担い，情報集約・分析，都道府県警察の捜査指導，解析業務，人材育成，技術的支援等を一元的に所掌する。同局には，サイバー企画課，サイバー捜査課，情報技術解析課の3つの課が置かれた。

　また，関東管区警察局のサイバー特別捜査隊は，捜査権限を有する部隊として設置され，全国を管轄区域として，重大サイバー事案*の捜査を行う。捜査活動には国際共同捜査への参画を含んでいる。

　　*重大サイバー事案とは，国・地方公共団体の機関や重要インフラ等に重大な支
　　　障が生じる事案，マルウェア事案等の対処に高度な技術を要する事案，海外か
　　　らのサイバー攻撃集団による攻撃事案をいう（警察法第5条第4項第6号参
　　　照）。

┌─ 学習を深めるために ─
　本章で述べたサイバーセキュリティ対策・サイバー犯罪対策に関する政府と警察の
取組みの歩みと進化を理解しよう。サイバー空間をより安全な空間にすることを目的
に，さまざまな主体の間の協力関係をより一層深めていくためにはどうしたらいいだ
ろうか。
└

第11章

サイバー犯罪捜査

本章では，サイバー犯罪捜査の概要と捜査を取り巻く諸課題について解説する。学生や一般の方々にとってもサイバー犯罪をより身近にとらえ，その対策に当たってもらうための基礎知識として有効であると思うからである。

1　サイバー犯罪捜査の概要

（1）サイバー犯罪捜査の流れ

　サイバー犯罪の形態とそれに対応する捜査の流れは，もちろん事案によってさまざまであるが，以下において典型的なケースをもとに述べる。

　サイバー犯罪捜査の端緒となるのは，多くの場合，被害者側からの被害の申告である。例えば「恐喝メールが届いた」「誹謗中傷する書き込みが掲示板になされた」などの訴えがあったとする。

　警察においては，まずは，被害者やネット掲示板管理者等のコンピュータに残っている通信履歴を入手する。これにより，被害に係る発信を行った IP アドレスが判明する。IP アドレスからは，いわゆる WHOIS 検索サイトによって，それを管理しているインターネット・サービス・プロバイダ（ISP）や携帯電話会社等の接続プロバイダを容易に割り出すことができる＊。

　　＊IP アドレスを管理している組織の名称・電話番号等は公表されている。「WHOIS 情報」と呼ばれる。

　続いて当該接続プロバイダから，犯行に係る通信に関する情報（接続認証ロ

グ）と契約者の名前，住所等を取得する＊。単なる契約者情報は，捜査関係事項照会の手続きにより任意捜査の手法によって入手できることが多いが，接続認証ログは，通信の秘密の対象とされ事業者の守秘義務に絡むため，一般的には裁判官の発する差押許可状による強制捜査により取得することとなる。

> ＊接続認証ログとは，ある日時にあるIPアドレスをどのユーザーに割り当てていたかの記録のことである。ISPが保有するIPアドレスには限りがあるため，顧客ユーザーの利用の都度，IPアドレスを機械的に割り振っている。これを「ダイナミックアドレス」という。

　言うまでもないが，警察は，以上のような発信者に関する情報を自らは保有していないので，捜査には関係事業者への照会が不可欠となる。

　注意すべきなのは，ここまでの捜査で特定できたのは，犯行に関する情報を発信したコンピュータだけだということである。使用者が誰か（例えば同居家族のうちの誰か）は未解明であるし，近所の者等に無線LANをただ乗りされている可能性はないか，あるいは，当該パソコンがウイルス感染しており使用者の知らないままに犯行の中継地（踏み台）にされた可能性はないかなど，犯人に至るために解明すべき点はまだある。そこで，犯人にたどり着くための裏付け捜査を実施することとなり，そのためには尾行・張り込みといった伝統的捜査手法も用いられる。このように，サイバー犯罪の捜査といえども他の犯罪におけるのと同様，「泥臭い」ものなのである。

（2）全国協働捜査方式による捜査

　全国協働捜査方式は，匿名性と広域性を特徴とするサイバー犯罪に対処するために導入された捜査方式である。

　インターネット・ホットラインセンター（IHC）から警察庁に対して通報される違法情報には，発信元情報が含まれていないことが多い。そこで，発信元がどの都道府県にあるか推認できないものを警察庁から警視庁に設置されている担当部署に送付し，ここで違法情報の発信元を割り出す初期的な捜査を行い，これによって発信元が判明した違法情報について，警察庁の調整により，発信

元を管轄する都道府県警察がその後の捜査を行うものである。

（3）情報技術解析

　犯罪に悪用された電子機器等に保存されている情報は，犯罪捜査において重要な客観証拠となる場合が多い。犯罪の立証のための電磁的記録の解析技術及びその手続きのことを「デジタル・フォレンジック」という＊。デジタル・フォレンジックは，サイバー犯罪に限らず，通常の犯罪の捜査の過程においても必要に応じて広く行われている。

　　＊フォレンジック（Forensics）は，犯罪科学の意味である。

　デジタル・フォレンジックは，対象となる電子機器やメディアの特定と押収，証拠保全（複写），記録の抽出，解析，報告書の作成等による証拠化といった各プロセスで構成される。

　警察では，警察庁，管区警察局情報通信部，都道府県情報通信部にそれぞれ設置されている情報技術解析課において，都道府県警察が行う犯罪捜査に対し，解析技術を活用した支援を行っている。上位ほど技術レベルが高いとされている。

図11-1　デジタル・フォレンジックの概要

出典：『令和元年版　警察白書』

　2012（平成24）年夏頃，真犯人が，他人のパソコンを遠隔操作し，これを踏み台としてインターネットの掲示板等に対して襲撃や殺人などの犯罪予告を行った。この事件では，4人の男性が犯人に間違えられ逮捕（誤認逮捕）された。4都府県警がそれぞれ無実の男性を誤認逮捕したという衝撃的な事件であった。少し長くなるが，以下に経緯を述べることとする＊。

　　＊パソコンの遠隔操作自体は，例えば，ユーザーサポートの一環として同意を得た上で必要な操作を行うために用いられるなど，有益なものである。

① 誤認逮捕の経緯

　2012（平成24）年夏頃，東京，大阪，福岡，三重に居住する4人のパソコンから，ウェブサイトへの書き込みやメール送信を通じて，襲撃，殺害，爆破などの予告が行われた。
　同年7月から9月にかけて，4人がそれぞれ別の都府県警察に逮捕された。

【警視庁】

　警視庁は，都内の幼稚園と子役の芸能事務所に襲撃予告メールが届いたとの通報を受けて捜査を行い，IPアドレスから福岡市の男性のパソコンを発信元と特定し，居宅を捜索したところ，パソコンに子役宛のメールの文面が残っており，文面を見せら

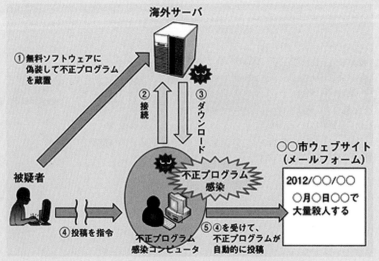

図 11 - 2　遠隔操作可能な不正プログラムの動作（概略）
出典：『平成25年版 警察白書』

れた男性がメール送付を認めたため威力業務妨害罪で逮捕した。男性は，逮捕後，同居する女性が自分の知らないうちにメールを送ったと思い，かばうために認めたと供述を一転させた。警視庁が女性に確認し，女性が関与を否定すると，それを知った男性は再び容疑を認めた。

【神奈川県警】

　横浜市のウェブサイトに小学校の襲撃予告が書き込まれ，神奈川県警が捜査を開始した。IP アドレスから都内の男子大学生のパソコンを特定し，パソコンを調べたところ，市のサイトへのアクセス記録が残っていたことから，威力業務妨害罪で逮捕した。大学生は逮捕前から一貫して否認を続けたが，数日後に容疑を認め，翌日には再び否認に転じ，その後再び容疑を認めるなど供述が変遷した。大学生は未成年者であったため少年審判が行われ，保護観察処分となった。

【大阪府警】

　大阪市のウェブサイトに，大阪のアニメ演出家の実名で，無差別殺人予告が投稿される事件が発生した。大阪府警は，IP アドレスからこの演出家のパソコンを特定し，同人からパソコンの任意提出を受けて事情聴取したが，同人は関与を否定した。府警では，実名での投稿は不自然だとして他人のなりすましも疑ったが，ウイルス対策ソフトの検索で遠隔操作ウイルスは検出されず，また，投稿に使われた無線 LAN はパスワードで管理されており別人が使うのは困難と判断し，この演出家を威力業務妨害罪で逮捕した。

【三重県警】

　伊勢神宮を破壊するという書込みがネット掲示板にあり，三重県警が捜査を開始した。IP アドレスが津市の男性のパソコンと一致し，書込みの時間帯にパソコンのある部屋には男性しかいなかったと判断して，男性を威力業務妨害罪で逮捕した。男性は，当初から，県警に対し，無償のソフトウェアをダウンロードしたら動きが遅くなったとパソコンの異変を訴えていた。そして，県警がパソコンを調べる中で，遠隔操作ウイルス（トロイの木馬）を発見し，男性は釈放された*。

　　＊トロイの木馬は，有用なソフトを装い，そのプログラムを実行することで悪意のある動作をするマルウェアである。

　三重県警のウイルス発見によりウイルスのファイル名が明らかになったことから，大阪のアニメ演出家のパソコンを再度調査したところ，同様の遠隔操作ウイルスに感染していた痕跡が見つかったためアニメ演出家は釈放された。福岡の男性についても同様に釈放された。真犯人の犯行の手口は，4 人のうちこれらの 3 人に関しては，パソコンを，トロイの木馬（バックドア機能*を持つ "iesys.exe"〔後にアイシス・エ

グゼとよばれるもの)) を仕込んだソフトウェアをダウンロードさせることでこれに感染させ，外部からの命令でパソコンを遠隔操作し，襲撃予告等をサイトに書き込ませたり，メールを送信させたりしたものであることが分かった。このウイルスは，バックグラウンドで動作することで遠隔操作の事実を気づかれないように工夫されていたうえ，犯行後，ウイルス自体を自己消去するようになっており，パソコンが乗っ取られたこと自体が容易に分からないように工夫されていた。

　　＊バックドアとは，使用者に気づかれないように設けられた通信接続の窓口で，いわば裏口である。

　警察では，真犯人は，プログラミング言語「C#」を使用し "iesys.exe" を自ら作成したと思われたことから，一定のプログラミング知識を有していると考えられると発表した。

　誤認逮捕された 4 人のうち，三重県の男性は，パソコンに詳しく，パソコンのCPU にかかる負荷が異常に高いと判断し，タスクマネージャーを使って iesys.exe という見慣れないプログラムを発見し同プログラムの動作を止めた。このことにより，真犯人はウイルスの自己消去に失敗したとみられる。

　残る東京の大学生については，その後の捜査で，トロイの木馬を用いた遠隔操作ではなく，真犯人が「クロスサイト・リクエスト・フォージェリ (Cross Site Request Forgery, CSRF)」を仕掛けたウェブサイトを用意し，同ページ上のリンクをクリックさせることで，匿名掲示板に書き込んでおいた殺害予告文を横浜市の公式サイトに自動送信させたことが判明した＊。大学生の誤認逮捕の事実は，真犯人からの犯行声明が出されその信ぴょう性が確認されてはじめて明らかになった。大学生に科せられた保護観察処分は取り消しとなった。

　この後，警察の捜査が進展し，翌年になって真犯人が逮捕され，その後，同人の有罪判決が確定した＊＊。

　　＊「クロスサイト・リクエスト・フォージェリ」(CSRF) とは，特定のウェブサイトに罠を仕掛けておき，そのページを閲覧したりページ上のリンクをクリックするなどしたユーザーのパソコンに，別のウェブサイトに対して掲示板への書き込みなどの何らかの行動をさせるインターネット上の攻撃手法の一つである（「地雷」などと呼ばれる）。パソコン遠隔操作手法のうち，単純かつ初歩的なもので，サーバ側が通常のセキュリティ対策を取っていれば防ぐことができるとされる。事件当時の横浜市の公式サイトには，CSRF に対するセキュリティ対策がとられていなかった。

　　＊＊この事件は，警察による誤認逮捕が明らかになって以降も，真犯人が，ウイルスソフト iesys.exe を格納した記録媒体を江ノ島（神奈川県藤沢市）で猫の首輪に着けたり，その後の同人の逮捕・保釈後，スマートフォンを河川敷に埋め，そこから自らの公判の時間中に真犯人が別にいるような内容のメールをタ

イマー送信したりするといったユニークな展開を見せた。いきさつは新保哲夫『PC 遠隔操作事件』（光文社，2017年）に詳しい。

②　誤認逮捕に至った捜査の問題点

　インターネット上で行動を起こせば，自分のパソコンやサーバに何らかの痕跡が残る。パソコンのユーザーが，自分のパソコンはともかく，サーバ側に残る痕跡を消すことは通常難しいので，サーバ側のログは極めて信頼性が高い。

　各事件の捜査の進め方については，犯行予告文が送信されたサーバのログを入手・分析し，投稿者の IP アドレスを特定し，そこから当該 IP アドレスに係るパソコンユーザーを特定して逮捕するという通常の流れである。しかし，ログへの信頼が強すぎ，犯行予告文の送信に使われたパソコンのユーザーがその行為者すなわち犯人であると判断した点に慎重さが欠けていたと言わざるを得ないだろう。

　各事件のパソコンユーザーが犯罪予告文を送信する前に，どのようなウェブ閲覧行動をしていたのかをブラウザの履歴を確認して明らかにするなど，犯行に至る経緯をもっとよく確認する必要があったのではないか。

　他にも，例えば，犯行に CSRF が用いられた横浜市役所の事件では，長文（250文字）の投稿を送信する時間が非常に短く（犯行に関わる横浜市のサーバへの接続時間は 2 秒），実際にパソコンユーザーがキーボードから入力作業をして送信したとみるには非常に疑わしい状況であったが，捜査陣は，あらかじめ用意した文章を何らかの機械的送信（自動送信）により送信したものと結論づけていた。

　また，大阪の事件では投稿は実名でなされていた。捜査陣の中には，投稿が実名でなされたのは不自然だとの見方もあったものの，男性のパソコンに遠隔操作ウイルスへの感染が確認されず，外部から第三者がアクセスして男性宅の IP アドレスから投稿したことも無線 LAN のセキュリティ強度から考えにくいと判断して男性を逮捕した。実名で投稿された件については，従来，愉快犯，自己の能力の誇示，警察に対する挑戦といった動機から実名で犯行を行う例も見られるところであり，この事件においても実名であることは特に不自然ではないと結論づけた。

　なお，警視庁，大阪府警，神奈川県警及び三重県警は，4 人の男性を誤認逮捕した捜査の検証結果を公表し，捜査員のサイバー犯罪に対する知識不足等が誤認逮捕を招いたと指摘するとともに，再発防止策として，今後はウイルス感染を念頭に置いた捜査を徹底するとともに捜査員の一層のレベルアップを図る方針を明らかにした。

　この事件は，警察のサイバー犯罪捜査に大きな教訓を残したが，これをきっかけとして，警察のサイバー犯罪捜査能力の一層の向上を目指す取組みが展開されることになった＊。

　　＊著者の感覚でも，最近は，特に，その被疑者が真犯人かどうか（犯人性）が問題となり得るような事件の捜査において，常に遠隔操作の可能性を念頭に置いた慎重な捜査が実施されている。

2　2011（平成23）年の刑事訴訟法の改正

　サイバー犯罪捜査特有の問題に対処するとともに，サイバー犯罪条約を批准するための国内担保とするため，2011（平成23）年，刑事訴訟法が改正され，以下のような手続きが新設された。

（1）リモートアクセスによる複写の処分（リモート差押え）

　差し押さえるべき物が電子計算機であるときは，当該電子計算機に電気通信回線で接続している記録媒体であって，当該電子計算機で作成・変更をした電磁的記録または当該電子計算機で変更・消去できる電磁的記録を保管するために使用されていると認められる状況にあるものから，その電磁的記録を当該電子計算機または他の記録媒体に複写した上，当該電子計算機または当該他の記録媒体を差し押さえることができることとされた（第99条第2項，第218条第2項）*。

>　＊もともと，電磁的記録（データ）は目に見えず無体物でもあり，データ自体を差し押さえることはできないため，データが記録されている記録媒体（コンピュータ，CD-R，USBメモリなど）を差し押さえるという方法が取られている。リモートアクセスとは，コンピュータを用いて電気通信回線で接続している記録媒体にアクセスすることをいう。

　これは，コンピュータを差押えの対象物とする場合に実施可能な強制処分である。

　従来の差押えでは，証拠として必要な電磁的記録がネットワークでつながった別の場所にあった場合，それを特定して別の手続きで差し押さえる必要があった。これに対し，リモート差押えでは，差押えの対象であるコンピュータで作成・変更した電磁的記録や変更・消去が可能な電磁的記録の保管に使用されている接続サーバ内のデータを，捜索差押え対象のコンピュータまたは別の記録媒体に複写した上で，それらを差し押さえることができる。

　この規定を用いることによって，例えば，差押えの対象であるコンピュータ
で作成したデータがネットワークでつながった遠隔地に所在するデータセンタ
ーに蔵置されているような場合に，わざわざ当該データセンターに赴かずに，
その場で差し押さえることができることとなった。また，他の場所に蔵置され
ているデータを差押えの現場で入手できることは，捜査員がその場所に赴く必
要がなくなるだけでなく，証拠を確実に入手するという点でも有意義である。
差押えという強制捜査に着手すると被疑者側は捜査の展開を察知することとな
り証拠隠滅を図ろうとする場合があるが，これを防ぐことができるからである。

（2）記録命令付差押え

　電磁的記録を保管する者その他電磁的記録を利用する権限を有する者に命じ
て必要な電磁的記録を記録媒体に記録させ，または印刷させた上，当該記録媒
体を差し押さえることができることとされた（第99条の2，第218条第1項）。
　この規定により，プロバイダ等に命じて，必要な電磁的記録を別の記録媒体
に記録させて，当該媒体を差し押さえることが可能となった。プロバイダ等は，
裁判官の発する令状があれば必要な電磁的記録を提出することに協力的である
ことが多いので，記録命令付差押えはこうした事業者との間で有効な捜査手法
である。記録命令付差押えの被処分者であるプロバイダ等は当然に協力すべき
義務を負うが，協力しなくても罰則はない。協力が期待できない場合は通常の
捜索差押えを実施することとなる。

（3）電磁的記録に係る記録媒体の差押え

　記録媒体そのものの差押えに代えて，差し押さえるべき記録媒体に記録され
た電磁的記録を他の記録媒体に複写するなどして，または差押えを受ける者に
これをさせて，当該他の記録媒体を差し押さえることができることとされた
（第110条の2，第222条第1項）。従来の差押えでは，サーバなどの記録媒体を差
し押さえることで差押えを受ける者の業務に著しい支障をきたすおそれがあり，
一方で，捜査機関にとってもサーバなど全体を差し押さえる必要はなく特定の
電磁的記録を取得することができれば目的を達成できる。こうした状況を踏ま

えて本規定が置かれることとなった。

（4）通信履歴の電磁的記録の保全要請

① 保全要請とは

　捜査官が，差押えまたは記録命令付差押えをするため必要があるときは，プロバイダ等に対し，業務上記録している電気通信の送信元，送信先，通信日時その他の通信履歴の電磁的記録のうち必要なものを特定し，30日を超えない期間を定めて，これを消去しないよう書面で求めることができるとの規定が置かれた（第197条第3項）。期間の延長は可能だが，消去しないよう求める期間は通じて60日までである（第4項）。

② プロバイダ等による通信履歴の保存

　我が国では，プロバイダ等の電気通信事業者に対し，平素から通信履歴の保存を義務付ける制度が存在しない。

　むしろ，総務省が策定した「電気通信事業における個人情報保護に関するガイドライン」（平成29年総務省告示第152号，最終改正平成29年9月14日）では，第32条第1項において，通信履歴につき「課金，料金請求，苦情対応，不正利用の防止その他の業務の遂行上必要な場合に限り，記録することができる」と規定されている。また，同省による「電気通信事業における個人情報保護に関するガイドラインの解説（令和3年2月更新版）」では，「通信履歴は，通信の構成要素であり，通信の秘密として保護され，これを記録することも通信の秘密の侵害に該当し得る。しかし，（中略）業務の遂行上必要な場合には，必要最小限度の通信履歴を記録することは，少なくとも正当業務行為として違法性が阻却される」（p. 108），「いったん記録した通信履歴は，記録目的の達成に必要最小限の範囲内で保存期間を設定し，保存期間が経過したときは速やかに通信履歴を消去（中略）しなければならない。また，保存期間を設定していない場合であっても，記録目的を達成後は速やかに消去しなければならない」（p. 109），「保存期間については，提供するサービスの種類，課金方法等により電気通信事業者ごとに，また通信履歴の種類ごとに異なり得るが，業務の遂行上

の必要性や保存を行った場合の影響等も勘案し，その趣旨を没却しないように限定的に設定すべきである」（同）等と記されている。このように，通信の秘密の対象である通信履歴の保存について，自らの業務の遂行上必要な場合に限りかつ期間も限定的とするよう求めている。このような規定等を受けて，プロバイダ等の通信事業者は保有する通信履歴を比較的短期間で消去していることが多い。

③　保全要請の持つ意味

　サイバー犯罪では，被害者が犯行にすぐには気づかないケースのほか，「警察に被害を届け出るか踏ん切りがつかない」「まずは自らよく調査した上で届け出るか判断したい」「静観しようとしたが繰り返し被害を受けるのでやはり思い切って届け出ることにしたい」，といった事情で必ずしも被害が迅速に届け出られないことがある。そして，捜査の開始時点で犯行から時間が経過していた場合，通信履歴が消去済で入手できないことがあり，そうなると捜査活動には大きな支障が生じることになる。

　警察は，捜査を行うに際して，差押許可状を得る前の段階でも，プロバイダ等に通信履歴を消去しないよう協力を求める場合もあったが，2011（平成23）年の刑事訴訟法の改正で，ここで述べた保全要請の規定が置かれたことにより，こうした要請に法的根拠が与えられることになった。

　総務省の上記ガイドラインの解説でも，捜査機関による保全要請が行われた場合について，「刑事訴訟法第197条第3項及び第4項に基づく通信履歴の電磁的記録の保全要請等法令の規定による場合（中略）には，当該理由に基づく保存期間が経過するまでの間，保存し続けることが可能である。」としている（p. 109）。

　なお，保全要請は，データを消去しないようプロバイダ等に求めているだけであり，保全要請をしたことでデータが捜査機関に開示されるものではない。また，保全要請をしようとした段階で既にデータが消去されていれば意味をなさないのも当然である。要請を受けたプロバイダ等は，保全要請に応じる義務はあると解されるが，応じなくても罰則はない*。

＊本文中に述べたように，我が国では，プロバイダ等に対して通信履歴の保存を
義務付ける制度はない。それどころか，漫然と保存すると通信の秘密の侵害に
該当しかねないが，自らの業務の遂行上必要な場合に最小限度の期間に限り保
有するのであれば正当業務行為として違法性が阻却されるという論理により，
プロバイダ等は通常，短期間に限り通信履歴を保存している。一方，捜査開始
時点で犯行に係る通信履歴がもはや存在していなければ捜査に著しい支障が生
じるので，通信履歴の保有期間は犯罪の「技術上の時効期間」（四方光『サイ
バー犯罪対策概論』（立花書房，2014年）p.127）とさえ言えるだろう。こうし
た中，犯罪捜査に資するために，通信の秘密の保護の在り方を再検討すべきで
はないか，あるいは，より踏み込んで，通信履歴の保存を制度化すべきではな
いか，といった主張が，以下の例のように散見されるようになってきている。
「通信履歴（ログ）の取得がサイバー犯罪捜査での不可欠の前提である以上，
サイバー犯罪捜査との相関において，通信の秘密の保護の再検討が喫緊の課題
となっていることが顕在化している」（星周一郎「サイバー犯罪捜査の変容」，
『警察政策』第23巻（立花書房，2021年）p.11）。「（プロバイダに対し）ログの
保存の義務を課し，サイバー空間における犯罪捜査に協力すべきであるとの考
え方に改められてもよい時期にきているのではないか。サイバー空間を利用す
ることによって経済的利益は得るが，サイバー空間を悪用する者の摘発・発見
には協力すべき義務を負わず，被害が起きても捜査には協力せず，サイバー空
間を安全な空間とすることに協力しない，という一方的な立場で業務を行うこ
とは，社会の安全や利益に対する配慮を欠いており，あまりにバランスを失し
ているのではないか」（中野目善則「日本のサイバー犯罪対策の今後の課題」，
中野目義則・四方光編著『サイバー犯罪対策』（成文堂，2021年）p.304）。ま
た，林紘一郎・情報セキュリティ大学院大学元学長は，著書『情報法のリーガ
ルマインド』（勁草書房，2017年）の中で，以下のような興味深い主張を展開
している。すなわち，秘密に関する英語には，secret と confidential の 2 つが
あるが，confide とは相手を信頼して情報を開示するという意味を持ち，いか
なる状況でも秘匿すべきものという意味ではない。そこで，通信内容そのもの
は secret，通信を接続するための付帯的メタデータは confidential と分けて考
えれば，この二分法が役に立つのではないか。というのも，前者には厳格な適
用を確保しつつ，後者については，顧客が事業者に期待する秘密として，やや
弾力的な解釈の余地を残すことが，サイバー犯罪の捜査などで期待されている

からである，というものである（同書，pp. 91-94参照）。

（5）不正に作られた電磁的記録の消去等

不正に作られた電磁的記録に係る記録媒体を返還する場合には，当該電磁的記録を消去し，または当該電磁的記録が不正に利用されないようにする処分をしなければならない，との規定が置かれている（第498条の２）。

3　高度秘匿化技術の壁

発信者情報の取得において，高度秘匿化技術により身元を分からなくさせることが捜査の壁になることがある。先にトピックで紹介したパソコン遠隔操作ウイルス事件の真犯人も，犯行声明等を送付するに当たり，高度秘匿化技術を用いて自分の身元を分からなくさせていた。

（1）Tor について

Tor（トーア）は代表的な匿名化技術である。３重の暗号化を用いた仕組みで，通信の秘匿性は極めて高い。もともと米海軍調査研究所が秘匿通信技術として開発したもので，かつては強権国家等において弾圧を受けている活動家等が身元を隠すため利用していたが，犯罪者も自分の身元を隠す有益なツールとして利用するようになった。Tor を簡単に利用可能な Tor ブラウザは誰でも無償で入手できる*。

　＊Tor の名称は，「The Onion Router」の略称である。３重の暗号化が玉ねぎの皮の重なりに例えられてつけられた。

Tor では基本的に３つのリレーエージェント（ノードとも言われる）を経由し，それらには通信履歴が残らず，アクセス経路上で出口部分以外の通信がすべて暗号化される。通信で用いる３つのリレーエージェントはユーザーのコンピュータが自動的に選び，さらに追跡を難しくするため一定時間ごとに変更される。リレーエージェントは直接の送信元と送信先は分かるがそれ以上はたど

図 11 - 3　Tor のロゴマーク
出典：Tor の公式サイト

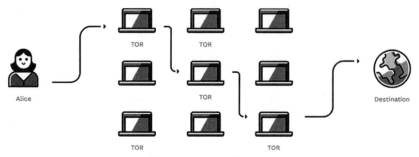

図 11 - 4　Tor の仕組み図
出典：Hotspot Shield のウェブサイト

ることができない。ユーザーがウェブサイトへアクセスした場合，アクセス先サーバからは出口ノードからアクセスしているようにしか見えないようになっている。なお，リレーエージェントとして利用されるボランティアのパソコンは世界で「数千に及ぶ」＊と言われている。

　＊セキュリティ集団スプラウト『闇ウェブ』（文芸春秋，2016年）p. 82。

（2）ダークウェブ

　Tor 等の匿名化技術を用いることによって接続できるウェブサイトはダークウェブ（闇のウェブ）と呼ばれている＊。そこでは，接続者が匿名化されるほか，サイト運営サーバの位置特定も困難である。

　ダークウェブでは，児童ポルノ，薬物，銃器，偽造パスポート，コンピュータウイルス，クラッキングツール＊＊等，違法・有害なさまざまな物資やサービスが取引されるなど犯罪の温床と言われている。例えば，フィッシング（第

2章参照）に用いる偽サイトを設置するためのファイルや各種のツールがセットになったフィッシングキットが販売されており，これを利用すると技術的知識を持たない者でもフィッシングが可能となってしまう。また，ランサムウェア（第3章参照）についても，その一部はダークウェブで販売されており，同様に，ここで入手すれば技術的な知識がなくてもランサムウェアによる犯行が可能となる。

> ＊インターネット空間は，①サーフェイスウェブ（Surface Web　インターネット上のコンテンツのうち一般のサーチエンジンで検索可能な領域），②ディープウェブ（Deep Web　一般のサーチエンジンで検索ができない領域。アクセスに認証が必要な有料ニュースサイトや会員制のデータベースなどが該当），③ダークウェブ（Dark Web　インターネット上に存在するが，Torなどの技術によって通常の領域と隔絶され秘匿化が図られた領域）の3つに分類される。
> ＊＊クラッキングツールとは，コンピュータへの不正侵入，データの窃取・改ざん・破壊などコンピュータを不正に利用する（クラッキング）ためのソフトウェアのことである。

　ダークウェブのサイトとしては，2011（平成23）年に開設された「シルクロード（Silk Road)」が代表格として知られていた。シルクロードでは，違法薬物のほか，盗まれた口座番号やクレジットカード情報，偽造運転免許証等，さまざまな違法なものが取引されていたが，2013（平成25）年，米連邦捜査局（FBI）が運営者を逮捕し，同サイトは閉鎖された。しかし，その後もシルクロードを模倣した「シルクロード2.0」と呼ばれる一連のダークウェブのサイトが開設されるなど，ダークウェブの設置者と捜査当局との間でイタチごっこの状態が続いている。

　ダークウェブでの決済手段としては，ビットコインをはじめとする仮想通貨（暗号資産）による形態が普及している。

学習を深めるために

　通信履歴の消去，高度秘匿化技術の他に，サイバー犯罪捜査の妨げとなり得る事柄にはどんなものがあるだろうか，考えてみよう。

第12章

国 際 協 力

本章では，国際捜査の原則やサイバー犯罪条約について解説する。国境意識が希薄なサイバー犯罪捜査において国際協力は極めて重要な課題である。また，国際捜査に関連する最近の動向として，米国において制定されたクラウド法についても触れる。

1　国際捜査の基本原則

（1）捜査の対象となる犯罪

　刑法は，第1条において，日本国内において罪を犯したすべての者に同法を適用すると規定している。いわゆる国内犯についての定めである。この場合，犯罪の行為と結果のいずれかが国内で生じていれば国内犯とするのが判例・通説となっている（「遍在説」という）。

　これに加えて，国外で発生した犯罪であっても，すべての者の国外犯（第2条），国民の国外犯（第3条），国民以外の者の国外犯（第3条の2），公務員の国外犯（第4条）または条約による国外犯（4条の2）に該当する場合は，やはり刑法が適用される。このように，効果が国外に及ぶ立法を行うこと（立法管轄権の行使）は，国際法上も認められている。

　サイバー犯罪に関しては，刑法の不正指令電磁的記録作成等罪（コンピュータウイルス罪）が，サイバー犯罪条約の規定により刑法第4条の2の適用を受けてすべての者の国外犯に適用される。また，不正アクセス禁止法違反は，一部の罪を除き，同法第14条により，刑法第4条の2の例に従うものとされている*。

トピック26　例えば，国外サーバからのわいせつ画像の配信はどうなるのか？

　わいせつ物公然陳列罪（刑法第175条第1項）は，国外犯規定が該当しないから国内犯のみ処罰される。

　国外サーバからのわいせつ画像の国内への配信については，仮に対象画像のアップロードが日本国内から行われた場合は，犯罪行為の重要な一部が国内でなされているので，国内犯として処罰対象となると考えてよい。

　では，主として日本人ユーザーに向けられた画像のアップロードが国外で行われた場合についてはどうか。これに関し，日本在住の被疑者が国内で作成したわいせつな動画のデータファイルを米国在住の共犯者に送り，この共犯者が米国内に設置されたサーバに当該データファイルをアップロードし，日本人を中心とした不特定かつ多数の顧客に同データファイルをダウンロードさせる方法によって有料配信する日本語のウェブサイトを運営したという事案について，刑法第175条第1項の罪が成立するとした判例がある＊。確かに，この場合，アップロードは米国で行われたものの，日本在住の被疑者が動画を作成しそのデータを米国に送付したという事実があるので，国内犯とするのに違和感はない。

　　＊最決平成26年11月25日裁判所ウェブサイト。

　これに対し，主として日本人ユーザーに向けた画像であったとしても，その作成からアップロードまでの犯罪行為がすべて国外で行われた場合はどうだろうか。国内で閲覧可能であるから，遍在説に立つと，犯罪の結果は国内で生じているとも言い得，国内犯となるという考えもあるだろう。これに対し，これでは国内から閲覧可能な世界中のわいせつ画像がすべて国内犯となってしまうことになり現実的とは言い難いという主張も成り立つかもしれない＊。

　　＊曽我部真裕「インターネットにおけるわいせつな表現・児童ポルノ」松井茂記他編『インターネット法』（有斐閣，2015年）p. 100参照。

　いずれにせよ，少なくとも我が国の警察が，画像の作成からアップロードまでの犯罪行為がすべて国外で行われたようなケースを立件した例は，おそらくないと思われる。

　＊サイバー犯罪に関し付言すると，公務所又は公務員によって作られるべき電磁的記録に係る電磁的記録不正作出及び供用の罪（刑法第161条の2）は，刑法第2条によりすべての者の国外犯とされている（公文書偽造に相当）。
　不正アクセス禁止法違反のうち，フィッシング罪等一部の罪はサイバー犯罪条約の要請がないので国外犯は処罰されない。

（2）我が国の捜査権が及ぶ範囲と国際捜査共助

　我が国の刑法が適用される犯罪であっても，我が国の捜査権を外国の領域に及ぼすことはできない。外国で公権力の行使を行うこと（執行管轄権の行使）は，その国の主権を侵害するおそれがあるため許されないのである。

　このため，外国での捜査が必要な場合は，国際捜査共助*の手続きを取って当該国の捜査機関の協力を得ることが不可欠となる。

　　＊「共助」とは，外国の要請により，その国の刑事事件の捜査に必要な証拠を提供することをいう（国際捜査共助に関する法律第1条参照）。捜査共助の実施には，双罰性（当該犯罪が双方の国で処罰対象であること）が必要とされるほか，政治犯罪は対象にできない（国外逃亡したクーデターの首謀者の場合等は対象にできない）といった制約がある。

　我が国と外国との間の捜査共助の枠組みは，外交ルート，中央当局ルート，ICPO（国際刑事警察機構，インターポール）ルートの3つからなる。

　外交ルートは，両当事国の外務省を通じたルートで，裁判官の令状を要する証拠の収集は原則としてこのルートが用いられる。中央当局ルートは，我が国と刑事共助条約が締結されている国との間で外務省を割愛して行う同様の共助のルートである*。

　一方，ICPOルートは，各国の捜査当局間の，簡便で日常的な情報交換のネットワークとして機能しており，裁判官の令状によらずに入手できる資料やさまざまな情報がやり取りされる**。

　　＊我が国は，これまで，刑事共助条約を，米国，韓国，中国，香港，欧州連合（EU），ロシアとの間で締結している（ベトナムとの間でも署名済み）。EUとの協定ではEUを当事者とする一つの協定によりEU加盟国それぞれとの間で二国間協定を締結するのと同じ効力が発生している。

　　＊＊ICPO（国際刑事警察機構，インターポール）には，我が国は警察庁が国家中央事務局として加盟している。また，ICPOでは，照会・差押えに先立つ通信履歴の保全要請のための24／7（24時間・年中無休）コンタクトポイントが設定されている（86か国に窓口が設置されている）。

国境という概念が希薄なサイバー犯罪においては，被疑者が犯行を行う過程で国外からのインターネット接続が行われているような場合が多く，こうした場合，捜査当局は直接に捜査権を行使できず，国際捜査共助を要請する必要がある。しかし，証拠の入手に時間がかかる場合や，必ずしも望みどおりの協力を得られない場合があり，このことが捜査上，少なからぬ障害となっている*。

　　*我が国との刑事共助条約が存在する国では共助の実施は条約上の義務となるが，その他の国は我が国からの共助要請に応じる義務はなく，要請に応じるかどうかはそれぞれの国の判断によることとなる。

2　サイバー犯罪条約

（1）サイバー犯罪条約の概要

　サイバー犯罪条約（サイバー犯罪に関する条約，Convention on Cybercrime）は，「ブダペスト条約」とも呼ばれ，以下のような経緯で，2012（平成24）年11月，我が国に関しても効力を発生した条約であり，今のところ，サイバー空間に関する唯一の国際条約である。2022（令和4）年2月現在，締約国は66か国（全てのG7諸国を含む）に上っている。

- ●2001（平成13）年11月　　世界初のサイバー犯罪に関する包括的条約として欧州評議会において採択*
- ●同年同月　　　　　　　　我が国も含めブダペストで署名
- ●2004（平成16）年4月　　我が国の国会承認
- ●同年7月　　　　　　　　条約の効力発生
- ●2011（平成23）年6月　　国内担保法の成立**
- ●2012（平成24）年7月　　我が国が批准書を寄託
- ●同年11月　　　　　　　　我が国に関して効力発生

　＊サイバー犯罪条約は欧州評議会において採択された条約であるが，当初から，欧州評議会加盟国以外の国々にも開かれている。

　＊＊国内担保法案は，署名後，間を置かず国会に提出されていたが，いわゆる共謀罪と抱き合わせの構成であったため，成立に時間を要した経緯がある。

　サイバー犯罪条約は，締約国が国内的にとるべき措置を，刑事実体法と手続法に分けて規定し，これらを実現するよう求めている。すなわち，刑事実体法としては，コンピュータ・システムに対する違法なアクセス，コンピュータウイルスの製造等の行為の犯罪化を，手続法としては，コンピュータの捜索・押収手続きの整備等の実現を要請するものとなっている。

（2）情報処理の高度化等に対処するための刑法等の一部を改正する法律

　上記のような条約の要求を満たすための国内担保法として，2011（平成23）年，情報処理の高度化等に対処するための刑法等の一部を改正する法律（サイバー刑法とも呼ばれる）が制定された。

　具体的には，以下に列挙する項目が整備された。

① 実体法の整備部分*

　●コンピュータウイルス作成・供用等の罪の新設（不正指令電磁的記録作成・取得等の罪）

　●わいせつ物頒布等の罪の構成要件の拡充（不特定・多数の者にわいせつ画像をメールで送信する行為を処罰対象に含める）**

　●電子計算機損壊等業務妨害罪の未遂の処罰

② 手続法の整備部分

　●差押えの執行方法の整備（電磁的記録に係る記録媒体の差押え）

　●記録命令付差押えの新設

　●接続サーバ保管の自己作成データ等の差押え（リモートアクセス）の導入

　●通信履歴の保全要請の規定の整備

　＊実体法に関するサイバー犯罪条約の要請の内容には，他に，違法なアクセスの犯罪化，データの妨害の犯罪化等があるが，これらは，我が国において，既に，不正アクセス禁止法，刑法の電磁的記録不正作出罪等で措置済みと判断され，法律改正はされなかった。

　＊＊わいせつ物頒布等の罪の構成要件の拡充は，条約の要請に基づくものではなく，この機会に改められたものである。

3　国外リモートアクセスをめぐる問題

　第11章で述べたように，リモートアクセスによる複写の処分（リモート差押え）は，差し押さえるべき物が電子計算機であるときに，当該電子計算機に電気通信回線で接続している記録媒体であって，当該電子計算機で作成・変更したり消去できる電磁的記録を保管していると認められる状況にあるものから，その電磁的記録を当該電子計算機または他の記録媒体に複写し，これらを差し押さえることができる，とする規定である（刑事訴訟法第99条第2項，第218条第2項）。

　刑事訴訟法は，このように規定するだけで，接続サーバの所在地が国内か国外かについて触れていない。では，接続サーバが国外に所在する場合，どうなるのか。被疑者等（差押えの相手方）は，接続サーバが国内所在か国外所在かをほとんど意識することなく日常的にデータを扱っていると思われるが，実際にデータの所在地が国外であった場合，これを日本の捜査機関が押収していいのか，という問題が生じる。

（1）サイバー犯罪条約の規定
　サイバー犯罪条約第32条は，締約国の捜査機関が，押収すべきデータが他の締約国に置かれていた場合において，その国の許可なしに当該データを取得できる場合として以下のとおり規定している。

第32条　蔵置されたコンピュータ・データに対する国境を越えるアクセス（当該アクセスが同意に基づく場合又は当該データが公に利用可能な場合）
　締約国は，他の締約国の許可なしに，次のことを行うことができる。
　a　公に利用可能な蔵置されたコンピュータ・データにアクセスすること（当該データが地理的に所在する場所のいかんを問わない。）。
　b　自国の領域内にあるコンピュータ・システムを通じて，他の締約国に所在する蔵置されたコンピュータ・データにアクセスし又はこれを受領すること。

> ただし，コンピュータ・システムを通じて当該データを自国に開示する<u>正当</u>
> <u>な権限を有する者の合法的なかつ任意の同意が得られる場合に限る。</u>
>
> （下線は著者による）
> 出典：外務省ウェブサイトに掲載の和文テキスト

　aに関しては，公に利用可能なデータ，すなわちオープンソースのデータを
入手することなので，締約国の許可なしに入手可能であるのは当然と言えよう。
　bに関してだが，「正当な権限を有する者」とは，通常は差押処分を受ける
被疑者等と言ってよい。この者の任意の同意があれば，締約国の許可なしにデ
ータを入手してよいという意味になる。

　このように，第32条は，そのデータが，公に利用可能な蔵置されたものであ
る場合，またはコンピュータ・システムを通じてそのデータを開示する正当な
権限を有する者の合法的かつ任意の同意がある場合には，締約国は他の締約国
の許可なしにそのデータにアクセスすることができる，と言っているにすぎな
い。逆に，どのような場合に国境を越えるアクセスが許されないこととなるか
は明示していない。

　この点に関して，サイバー犯罪条約注釈書（Explanatory Report to the
Convention on Cybercrime Budapest）の邦訳を参照してみると，その293におい
て以下のように記されている。

> （前略）最終的に，起草者は，一方的な行動が認められることに起草者全員が同
> 意した場合を本条約の第32条に規定するにとどめることとし，その他の場合につ
> いては，更に経験が集積され，それらを踏まえて更に議論がなされるようなとき
> になるまで，規定しないことに同意した。これに関して，<u>第39条第3項は，他の</u>
> <u>場合については，権限が認られるものでも，認められないものでもないというこ</u>
> <u>とを規定している。</u>　　　　　　　　　　　　　　　（下線は著者による）
> 出典：杉山徳明・吉田雅之「「情報処理の高度化等に対処するための刑法等の一
> 　部を改正する法律」について（下）」，『法曹時報』第64巻第5号（2012年）p.
> 　106

つまり，条約の注釈書によると，例えば，正当な権限を有する者による任意の同意が得られない場合においても捜査機関が国外リモートアクセスによって他の締約国に置かれたデータを入手してよいかどうかなど，条約第32条に規定していない状況については，条約は正当化も排除もしないという姿勢なのである。

（2）外国に所在するサーバへのリモートアクセスが問題となった事例

実際に我が国の警察が外国に所在するサーバにリモートアクセスを行った事例が存在する。

① 東京高判平成28年12月7日裁判所ウェブサイト

東京高裁は，「サーバが外国にある可能性があったのであるから，捜査機関としては，（リモートアクセスではなく）国際捜査共助等の捜査方法を取るべきであった」と判示し，入手したデータの証拠能力を否定した。

ただし，本件は，パソコンを対象とする検証許可状に基づき「リモートアクセス相当行為」が行われたことをとらえ，検証許可状では行うことができない強制処分を行った＊として，違法の程度が重大なので証拠能力は否定されるとした。この議論に付け加える形で上記の議論がなされている。

> ＊この事件の捜査員が捜索差押許可状に基づき被疑者のパソコンを差し押さえたが，その際にはログインできなかったものの，押収したパソコンを解析した結果，ID・パスワードが判明したため，後日，当該パソコンを検証すべきものとする検証許可状を取得し，これに基づいてパソコンからインターネットに接続し，同端末からのアクセス履歴の存在したメールサーバからメールの内容等を取得したものである。判決は，こうしたメールの取得を検証許可状によっては実施できない強制処分であるとした。

② 最決令和3年2月1日裁判所ウェブサイト

最高裁は，決定で「刑訴法99条2項，218条2項の文言や，これらの規定がサイバー犯罪に関する条約を締結するための手続法の整備の一環として制定さ

れたことなどの立法の経緯，同条約32条の規定内容等に照らすと，刑訴法が，上記各規定に基づく日本国内にある記録媒体を対象とするリモートアクセス等のみを想定しているとは解されず，電磁的記録を保管した記録媒体が同条約の締約国に所在し，同記録を開示する正当な権限を有する者の合法的かつ任意の同意がある場合に，国際捜査共助によることなく同記録媒体へのリモートアクセス及び同記録の複写を行うことは許されると解すべきである（中略）。収集された証拠の証拠能力について検討すると（中略）任意の承諾に基づくものとは認められないから，任意捜査として適法であるとはいえず，上記条約32条が規定する場合に該当するともいえない。しかし（中略）実質的には，司法審査を経て発付された前記捜索差押許可状に基づく手続ということができ（中略）同許可状が許可する処分の範囲を超えた証拠の収集等を行ったものとは認められない。（中略）警察官が任意の承諾に基づく捜査である旨の明確な説明を欠いたこと以外に（中略）警察官に令状主義に関する諸規定を潜脱する意図があったとも認められない。以上によれば，手続について重大な違法があるということはできない」と判示した。結論として，警察が国外リモートアクセスによって取得した証拠の証拠能力を認めている。

　このように，この最高裁決定は，警察がリモートアクセスによって得た国外に蔵置されたデータの証拠能力を認めた。しかも，サイバー犯罪条約第32条に規定する，正当な権限を有する者の合法的かつ任意の同意を得なかったにもかかわらずである。

　果たしてこの最高裁決定は，捜査機関によるこうした行為を全面的に認めた画期的な判断と言えるのだろうか。

　本決定の中で触れられているが，実は，この事件では，捜査チームは，事前の打ち合わせにより，令状執行に当たり，国外に設置されたメールサーバにメール等の電磁的記録が蔵置されている可能性があることが判明した場合は，"令状の執行としてのリモートアクセス"を差し控え，相手方の任意の承諾を得て，"任意捜査としてリモートアクセス"を行うこととする捜査方針を立てていた。ところが，捜査員は差押えの現場において，相手方に対し任意の承諾を得て行う捜査である旨の明確な説明をしなかったため，相手方が捜索差押許

可状の執行による強制処分と誤信してリモートアクセスに応じた疑いがあると評価された。つまり，本件最高裁決定は，捜査チームが国外所在のメールを対象に，条約第32条の同意要件を満たさないまま強制捜査としての差押えを実施してしまったと評価せざるを得なくなったという状況下で，こうした行為を違法性の程度が高くないとして救済するものであったと言えるだろう。

　この最高裁決定は，一見，我が国の捜査機関に大きなインパクトを与えそうにも感じられるが，捜査機関が，今日，サーバが国外にある場合のデータの入手をどのように図っているのか，著者の知るところではない。ただ，従来，データ蔵置国の主権との関係で問題が生じる可能性を考慮し，令状によらず捜査共助等を利用する運用が望ましいという方針をとってきたのは確かである。もちろん，処分の相手方が任意の協力に応じ，データを任意に提出する場合は別である*。

　　*任意提出されたデータ等を捜査機関が取得する処分を「領置」という。正当な
　　権限を有する者の任意の同意があるなら，令状による差押えに代わるものとし
　　て，任意提出・領置によって取得することも可能である。

　データを蔵置したサーバが外国にある場合，処分の相手方が任意に提出してくれる場合はともかくとして，捜査当局は捜査共助によってデータを入手しようとしてきたのであるが，サーバはその多くが米国内にあるため，米国に対する捜査共助要請が各国から殺到し同国の共助事務がパンク状態にあって，なかなか共助の要請国に回答が返ってこないという話も耳にする。

　クラウドサービスの進展が著しく，世界中のサーバに大量のデータを分散・保管するのが当たり前となり，以前のように，押収対象のコンピュータの中や，せいぜい当該コンピュータとつながった国内に所在するサーバに目当てのデータがあるとは限らないのが実態になっている。こうした点に鑑みると，国外に所在するデータに関する捜査実務は後れていると言わざるを得ないだろう。このような事態は世界の捜査機関に共通であるはずなので，何らかの新しい国際的なしくみの構築が求められると言ってよいのではないだろうか。

4　最近の動向——米国クラウド法の制定

　本書の最後に，米国クラウド法の制定を，国外に所在するデータの押収の問題に解決を図った例として紹介する。

　米国クラウド法は，「海外データ合法的使用明確化法」（Clarifying Lawful Overseas Use of Data Act：CLOUD Act）といい，2018（平成30）年3月に成立した。重要な内容を2点含んでいる。

（1）米国外データの開示命令

　第1は，米国内企業が米国外のデータセンターの自社サーバに格納している電子通信データの内容を強制的に開示させる合衆国政府の法的権限を規定したことである（CLOUD Act Sec. 103(a)(1), 18 U.S.C. Sec. 2713.）＊。

　　＊米国は連邦国家なので，州ごとに刑法等の定めがあり捜査機関も置かれている。一方，州の利益を超えた法益を害する犯罪も当然あり，これらの罪は連邦法で規定されている。合衆国法典（US Code）は連邦法のうち一般的・恒久的な規定をまとめたものであり，その第18編は犯罪と刑事手続を定めている。このうち第18編のパート1（1条から2725条まで）は概ね刑法に当たり，FBIなどの連邦捜査当局が捜査し連邦裁判所によって裁かれるべき，州の利益を超えた法益を有する犯罪が規定されている。そして，第18編121章（2701条から2712条まで）が，保管通信法（Stored Communications Act）と呼ばれる部分で，裁判所の開示命令によるデータの提出がここに規定されている。上に述べたクラウド法の改正規定は，この部分に所用の条文を追加するものである（2713条）。

　この背景には，米連邦捜査局（FBI）が米国企業であるマイクロソフト社に対し，裁判所の開示命令に基づき同社のアイルランドのサーバに格納された電子メールのコンテンツの開示を求めたところ，同社は命令の効力は及ばないとして拒否し訴訟に発展したという事情がある＊。連邦高裁ではマイクロソフト社が勝訴し，連邦最高裁で争われていたが，その途中でクラウド法が成立し，国外蔵置データも開示命令の対象であることが明確となったため，マイクロソ

フト社も新法による提出に同意し，実質的な争点がなくなった。

　クラウド法の当該規定は，開示命令により被処分者が自ら提出する行為についての規定であり，捜査機関が直接，外国に蔵置されているデータを押収する行為に関するものではない。すなわち，米国の捜査機関が直接に開示命令の効力を外国に及ぼすものではなく，あくまで，開示命令によって，米国のプロバイダに対して必要なデータを自社内で米国内に移させて提出させるものである＊＊。

　　　＊マイクロソフト社のFBIに対する非協力的態度の背景に「スノーデン事件」
　　　　がある。エドワード・スノーデンは，米国・国家安全保障局（NSA）等の元
　　　　職員で，2013（平成25）年，米国政府が全世界でネット傍受・電話傍受を行っ
　　　　ており，その実施においてIT企業からのひそかな協力を得ていたなどと暴露
　　　　した。秘匿を前提に米国政府に協力してきた米国のIT各社は，スノーデンの
　　　　暴露によって大きな迷惑をこうむり，米国政府への信頼を失い，容易に協力し
　　　　ない風潮が生じたと言われている。
　　＊＊強制捜査の手続きとして，相手方の責任で提出させるという手続きは我が国
　　　　にはない。先に説明した「記録命令付差押え」（刑事訴訟法第99条の2，第218
　　　　条第1項）（第11章参照）も，プロバイダ等に必要な電磁的記録を記録媒体に
　　　　記録させるなどしたうえで，これを捜査機関が差し押さえるというしくみにな
　　　　っている。

　クラウド法によって，民間の国際企業であるプロバイダが自社内で国境を越えるデータの移転を行うことにより，手間のかかる捜査共助を回避することができることとなった。ただし，データ蔵置国の法律によって国外へのデータの持ち出しを禁じているならば（こうした政策は「データローカライゼーション」と言われている），プロバイダが当該外国から責任追及される可能性がある。そこで，クラウド法では，そのような場合，命令を受けたプロバイダは異議を唱えることができるとも規定している（18 U.S.C. Sec 2703 (h)(2)(A)(i)）＊。

　　　＊我が国の刑事訴訟法に規定された「記録命令付差押え」は，実は，米国クラウ
　　　　ド法に似た立法になっていると評価できる。というのは，記録行為の命令を受
　　　　けた我が国に所在するプロバイダは，当該データが国外に所在する場合でも自

社内で自由にアクセスできるのであり，命令を受けてこうしたデータの記録行
為を行い，捜査機関がこれを差し押さえても，捜査機関が他国内で捜査を行っ
ているのではないため，外国の主権を侵すものとは考えられないからである。
これにつき，以下のような国会答弁も存在する。「記録命令付差押えは，もち
ろんこれは，我が国に所在する者に命じて行われるものでございます。その記
録をする者が，仮に海外に記録媒体が所在しているとしても，そこへアクセス
して，そして電磁的記録を記録するという複写の行為自体は，その命令を受け
た者，国内にいる者が行うわけで，その者が自分の権限で行うものでございま
して，主権の制約というものにはかからないと思っております」（2011〔平成
23〕年 5 月31日　衆議院法務委員会　江田五月法務大臣の答弁）。ただし，命
令を受けたプロバイダがデータ蔵置国の法制を侵害しないかという問題（デー
タローカライゼーションの問題）があり得るが，我が国の刑事訴訟法には外国
の法制に配慮した部分はないので，この点において，異議を唱える権利を規定
した米国クラウド法の方が手厚いと言えるだろう。

（2）国際捜査の新たな枠組み

　クラウド法の重要な内容の第 2 は，外国政府が，自国で起きた犯罪の捜査及
び訴追の一環として，米国内に存在するデータを入手するための法的権限を規
定したことである（18 U.S.C. Sec 2523）。すなわち，米国政府が所定の要件を満
していると認めた外国政府が，直接，プロバイダ等に対して米国内に蔵置され
ているデータの開示を要求することを認める行政協定を結ぶことができると規
定した。クラウド法成立後の2019（令和元）年10月，米国は英国との間でその
ような協定を結び，2021（令和 3 ）年12月，豪州との間でも同様の協定を結ん
だ。

　世界の中で，メールサービスを提供する主要なプロバイダは米国企業であり
（例えば Gmail を提供する Google 社），米国政府に対する捜査共助要請が各国
捜査機関から大量に寄せられていると言われるなか，このような協定を締結す
ることができれば，外国の捜査機関が，直接，米国内のデータの開示を求めて
よいこととなる。このことからすると，クラウド法は，外国の捜査機関が行う
メール捜査についての新たな国際捜査の枠組みを提供するものとなるかもしれ

ない。

学習を深めるために

　国境意識が希薄なサイバー犯罪の捜査を効率的に進めるためには，国際間でどのようなしくみづくりが望ましいか，当事者になったつもりで考えてみよう。

資料　サイバー犯罪対策関連年表

和暦	西暦	事　項
昭和62	1987	刑法改正 （電磁的記録の概念導入（第7条の2），電磁的記録の不正作出・供用（第161条の2），電磁的記録に係る公私の文書の毀棄等（第258条，第259条），電子計算機損壊等業務妨害（第234条の2），電子計算機使用詐欺（第246条の2）等の新設）
平成11	1999	児童買春・児童ポルノ禁止法制定 不正アクセス禁止法制定
平成12	2000	ストーカー規制法制定 IT 基本法制定
平成13	2001	IT 戦略本部設置 プロバイダ責任制限法制定 刑法改正（支払用カード電磁的記録に関する罪（第163条の2等）新設）
平成14	2002	特定電子メール法制定（迷惑メール規制＝旧オプトアウト規制） 古物営業法改正（インターネットオークション規制）
平成15	2003	個人情報保護法制定 出会い系サイト規制法制定
平成17	2005	内閣官房情報セキュリティセンター（NISC）設置 IT 戦略本部の下に情報セキュリティ政策会議設置
平成18	2006	情報セキュリティ基本計画決定 インターネット・ホットラインセンター（IHC）発足
平成20	2008	特定電子メール法改正（オプトイン規制の導入） 青少年インターネット環境整備法制定（フィルタリング導入）
平成21	2009	著作権法改正（違法ダウンロード規定（刑罰化は平成24））
平成23	2011	児童ポルノのブロッキング開始 サイバー犯罪条約に対応するための刑法，刑事訴訟法改正 （不正指令電磁的記録に関する罪（刑法第168条の2，第168条の3）等の新設，わいせつ物頒布等の罪の構成要件の拡充（第175条），記録命令付差押え（刑訴法第99条の2，第218条1項）等の新設） 不正アクセス防止対策に関する官民意見集約委員会（官民ボード）設置
平成24	2012	不正アクセス禁止法改正（フィッシング対策等） サイバー犯罪条約批准，我が国に対して効力発生
平成25	2013	マイナンバー法制定 サイバーセキュリティ戦略（旧戦略）決定 いじめ防止対策推進法制定 ストーカー規制法改正（電子メールの繰り返し送信を規制対象に）

		「世界一安全な日本」創造戦略決定 特定秘密保護法制定
平成26	2014	サイバーセキュリティ基本法制定 サイバーセキュリティ戦略本部設置 内閣官房情報セキュリティセンターが内閣サイバーセキュリティセンターに改組 日本サイバー犯罪対策センター（JC3）発足 リベンジポルノ防止法制定
平成28	2016	ストーカー規制法改正（SNS による通信等を規制対象に）
平成29	2017	青少年インターネット環境整備法改正（フィルタリング強化）
平成31	2019	情報通信研究機構（NICT）が NOTICE を開始 サイバーセキュリティ協議会設置
令和2	2020	著作権法改正（侵害コンテンツのダウンロードの違法化）
令和3	2021	プロバイダ責任制限法改正法成立（令和4年4月末現在未施行） デジタル社会形成基本法制定（IT 基本法は廃止） サイバーセキュリティ戦略（現行戦略）決定
令和4	2022	警察庁にサイバー警察局設置

参 考 文 献

1 全 般

大沢秀介監修『入門・安全と情報』成文堂　2015年.

岡部正勝「サイバー空間における危機管理」『現代危機管理論』所収，立花書房，
　　2017年.

金山泰介『新版　警察行政概論』立花書房，2019年.

河村博ほか編『概説サイバー犯罪――法令解説と捜査・公判の実際』青林書院，
　　2018年.

警察政策学会編『社会安全政策論』立花書房，2018年.

警察政策フォーラム「サイバーセキュリティの強化に向けた展望」『警察学論集』
　　第75巻第3号所収，立花書房，2022年.

小林良樹『犯罪学入門　ガバナンス・社会安全政策のアプローチ』慶応義塾大学出
　　版会，2019年.

独立行政法人情報処理推進機構（IPA）『情報セキュリティ読本　5訂版』実教出
　　版，2018年.

谷脇康彦『サイバーセキュリティ』岩波書店，2018年.

土屋大洋監修『仮想戦争の終わり――サイバー戦争とセキュリティ』角川学芸出版，
　　2014年.

中島明日香『サイバー攻撃――ネット社会の裏側で起きていること』講談社，2018
　　年.

中野目善則ほか編著『サイバー犯罪対策』成文堂，2021年.

羽室英太郎『サイバーセキュリティ入門――図解×Q&A』慶應義塾大学出版会，
　　2018年.

Blue Planet-works『決定版サイバーセキュリティ　新たな脅威と防衛策』東洋経
　　済新報社，2018年.

増島雅和ほか『事例に学ぶサイバーセキュリティ――多様化する脅威への対策と法
　　務対応』経団連出版，2020年.

四方光『サイバー犯罪対策概論――法と政策』立花書房，2014年.

2 主として各種のサイバー犯罪，情報保護に関する法制関係

NHK スペシャル取材班『IoT クライシス』NHK 出版，2018年.

大治朋子『歪んだ正義——『普通の人』がなぜ過激化するのか』毎日新聞出版，
　　2020年.
太田勝造編著『AI 時代の法学入門——学際的アプローチ』弘文堂，2020年.
大塚仁ほか編『大コンメンタール刑法　第 3 版』青林書院，2014年.
蒲俊郎『おとなの IT 法律事件簿』インプレス R&D，2013年.
小向太郎『情報法入門——デジタル・ネットワークの法律　第 5 版』NTT 出版，
　　2020年.
宍戸常寿ほか編著『AI と社会と法——パラダイムシフトは起きるか？』有斐閣，
　　2020年.
庄司克宏編『インターネットの自由と不自由』法律文化社，2017年.
曽我部真裕ほか『情報法概説　第 2 版』弘文堂，2019年.
林紘一郎『情報法のリーガルマインド』勁草書房，2017年.
イーライ・パリサー，井口耕二訳『フィルターバブル——インターネットが隠して
　　いること』早川書房，2016年.
不正アクセス対策法制研究会編著『逐条　不正アクセス行為の禁止等に関する法律
　　第 2 版』立花書房，2012年.
毎日新聞取材班『SNS 暴力——なぜ人は匿名の刃をふるうのか』毎日新聞出版，
　　2020年.
松井茂記ほか編『インターネット法』有斐閣，2015年.
松本博編『サイバー社会への法的アクセス——Q&A で学ぶ理論と実際』法律文化
　　社，2016年.
山中敬一『刑法各論　第 3 版』成文堂，2015年.

3　主としてサイバーテロ・サイバーインテリジェンス関係
伊藤寛『サイバー戦争論』原書房，2016年.
グレン・グリーンウォルド，田口俊樹・濱野大道・武藤陽生訳『暴露——スノーデ
　　ンが私に託したファイル』新潮社，2014年.
土屋大洋『サイバー・テロ——日米 VS 中国』文芸春秋，2012年.
土屋大洋『サイバーセキュリティと国際政治』千倉書房，2015年.
土屋大洋『サイバーグレートゲーム』千倉書房，2020年.
中谷和弘ほか『サイバー攻撃の国際法——タリン・マニュアル2.0の解説』信山社，
　　2018年.

4　主としてサイバー犯罪捜査・国際協力関係

サイバー犯罪捜査に関する国際フォーラム「国境を越えるサイバー犯罪捜査の課題」『警察学論集』第73巻第 1 号所収, 立花書房, 2020年.

社会安全フォーラム「サイバー犯罪捜査における国際連携について」『警察学論集』第73巻第 4 号所収, 立花書房, 2020年.

新保哲生『PC 遠隔操作事件』光文社, 2017年.

セキュリティ集団スプラウト『闇ウェブ』文芸春秋, 2016年.

Cheena『ダークウェブの教科書——匿名化ツールの実践』データハウス, 2019年.

中野目善則「サイバー犯罪の捜査と捜査権の及ぶ範囲」『警察政策』第22巻所収, 立花書房, 2020年.

星周一郎「サイバー犯罪捜査の変容」『警察政策』第23巻所収, 立花書房, 2021年.

安富潔ほか編著『基礎から学ぶデジタル・フォレンジック』日科技連出版社, 2019年.

索　引

〈著者紹介〉

筋伊知朗（すじ・いちろう）
　京都市出身。
　1986年東京大学経済学部卒業。同年警察庁入庁。在イスラエル日本国大使館一等書
記官，警視庁公安総務課長，内閣情報調査室参事官，香川県警察本部長，警察庁警
備企画課長，警視庁総務部長，静岡県警察本部長，警視庁警務部長等を歴任し，
2020年1月警察庁政策立案総括審議官兼公文書監理官を最後に退官。
　現在，近畿大学情報学研究所教授

サイバー犯罪
──現状と対策──

2022年10月20日　初版第1刷発行　　　　　　　　〈検印省略〉
定価はカバーに
表示しています

著　　者　　筋　伊　知　朗
発 行 者　　杉　田　啓　三
印 刷 者　　田　中　雅　博

発行所　株式会社　ミネルヴァ書房
607-8494　京都市山科区日ノ岡堤谷町1
電話代表　(075)581-5191
振替口座　01020-0-8076

©筋伊知朗, 2022　　　　　　　　創栄図書印刷・新生製本
ISBN978-4-623-09465-3
Printed in Japan

よくわかる刑法 ［第3版］

―――――――――――――――――井田 良・佐藤拓磨 編著 B5判 240頁 本体2600円

●刑法の学び始めの段階で，刑法の全体像を理解し，自ら先の勉強へと進めうる基礎テキスト。2頁見開き1項目の構成で，刑法の重要テーマ・論点を網羅し，丁寧なクロスリファレンスで諸論点の関係を体系的，立体的に把握。刑法的なものの見方・考え方・刑法における制度や議論の背景，論点を十分に理解できる好評の初学者必携テキスト。平成29年刑法一部改正ほか最新情報を踏まえた第3版。

高校の教科書で学ぶ　法学入門

―――――――――――――――――宮川 基 著 A5判 208頁本体2500円

●本書は，高等学校の検定済教科書をもとにした法学入門書である。「政治・経済」や「現代社会」，「経済活動と法」の教科書の内容を，法学の体系に再構成し，法学の全体像を分かりやすく解説する。法学の初学者が，法令用語や法学特有の言い回し，法学独特の思考方法に接すると，法学は難しいとの感想を抱くことがあるが，高校の授業との接続を大切にしながら，様々な法分野を丁寧に説明する。

インターネットというリアル

―――――――――――――――――岡嶋裕史 著 四六判 212頁 本体2500円

●本書は，音響カプラに始まりSNS全盛期に至るまでのインターネットについて，ポストモダンをキーワードに解説する。インターネットが現実と隔てられた仮想空間から，現実と融合したリアルへと変わることで，人，技術，社会，そして文化にどのような変化を促してきたのか，この先どこへ向かおうとしているのかを描き出す。社会が技術へ，技術が社会へと影響を還流させ，それが大きな革新へと達するプロセスを，サブカルチャーに注目しつつ検証する。

インターネットはなぜ人権侵害の温床になるのか
―― ネットパトロールがとらえた SNS の危険性

―――――――――――――――――吉冨康成 編著 四六判 144頁 本体1600円

●ネットいじめなどに代表されるように，現在SNSなどのコミュニティサイトでは，多くの人権侵害にあたる表現がみられます。本書では，ネット人権侵害の現状と実際を知らせ盲目的なネット利用に警鐘を鳴らすとともに，その対策の端緒ともなるネットパトロールの実践を紹介し，ネット人権侵害対策の糸口を探ってゆきます。

━━━━━━━━━━ ミネルヴァ書房 ━━━━━━━━━━

https://www.minervashobo.co.jp/